Cristina Aguzzoli
Anna Maria De Santi

100
domande
sulla gestione
dello stress

SEEd

© **SEE*d* srl**
Via Magenta 35 - 10128 Torino, Italia
Tel. +39.011.566.02.58
www.seedmedicalpublishers.com – info@seedmedicalpublishers.com

Prima edizione
Aprile 2018
Tutti i diritti riservati

ISBN 978-88-97419-51-8

ad Allegra
a Matteo

Sommario

Presentazione

Questo testo, organizzato per domande e quesiti di semplice identificazione e fruibilità, rappresenta una piacevole novità in un contesto generalmente dominato da una semantica troppo spesso complessa e specialistica. Benché pensato per fornire indicazioni documentate a professionisti che devono aiutare soggetti colpiti da stress, il volume può anche essere consultato dal pubblico generale.

In particolare, oltre a una spiegazione documentata ed efficace delle radici e dei meccanismi dello stress e del suo impatto sui sistemi di difesa (o resilienza) individuali e collettivi, sono di particolare valore i capitoli dedicati all'età evolutiva e al lavoro, dato che in quel particolare periodo della vita e in quel setting vengono spesso maturate condizioni di interferenza rispetto al benessere individuale che condizionano il posizionamento dell'individuo nella società e nella comunità di appartenenza, o ne determinano l'esclusione e, talora, la medicalizzazione.

A prescindere dalle implicazioni medico-legali e dalle responsabilità di vario tipo che si intersecano nel mondo del lavoro, sarà importante capire il livello di recepimento delle "istruzioni per l'uso" fornite all'adolescente e al giovane. In questo ambito, la formazione della personalità e il completamento del ciclo di transizione verso la maturità, la responsabilità e la piena consapevolezza del proprio posizionamento sociale sono fortemente influenzabili da una situazione di stress, soprattutto se ripetuta e accompagnata dalla scarsa comprensione della sua genesi e delle modalità di risposta consapevole che il testo aiuta sicuramente a elaborare.

In questa prospettiva vanno quindi inquadrate positivamente anche le sezioni relative alla "prescrizione" e al percorso terapeutico, una volta compresa l'"eziologia" ed elaborata la "diagnosi" dello stress, sia esso acuto o cronico. Il testo, pertanto, proponendosi di rispondere a domande e dubbi, uscendo dalla troppo frequente ambiguità tra competenze psicosociali e/o mediche, fornisce strumenti conoscitivi affinché gli operatori che devono aiutare le persone a gestire lo stress possano basare i loro interventi su una conoscenza aggiornata e basata sull'evidenza.

In un'epoca in cui argomenti trasversali come lo stress sono troppo spesso affrontati dagli stessi operatori in ambito sanitario con troppa leggerezza o approfonditi su siti privi della dovuta evidenza scientifica, il testo ha il grande merito di presentare una trattazione sul tema con una base documentale solida, una citazione di fonti attendibili e a loro volta sviluppate su *trial* controllati e pratica clinica consolidata, e con linguaggio facile da seguire e comprendere, anche se mai banale.

Ranieri Guerra[1]

---

1   Il Dott. Ranieri Guerra è stato Direttore Generale della Prevenzione Sanitaria al Ministero della Salute ed è ora *Assistant Director General for Strategic Initiatives* presso l'Organizzazione Mondiale della Sanità

Prefazione

Peter Bregman, noto formatore sul tema della leadership, sostiene che una delle chiavi per rendere lo stress un alleato e non un aggressore è imparare a interpretare i fatti con atteggiamenti nuovi e a rinegoziare il giudizio che a volte spietatamente ciascuno rivolge ai propri presunti fallimenti [Bregman, 2011].

Lo stress è un problema molto sentito, soprattutto nella società odierna. Viene spesso erroneamente percepito in modo aspecifico come qualcosa di dannoso: pertanto riteniamo che presentare un altro punto di vista possa essere utile per operatori quali medici di base, medici del lavoro, psicologi, psicoterapisti, infermieri e counsellor.

Lo stress in realtà può avere anche una valenza positiva: si tratta, infatti, di un segno di vitalità presente quotidianamente nella vita di ogni individuo e rappresenta la capacità di adattarsi di continuo all'ambiente esterno e interno. Una giusta quota di stress è utile e persino necessaria per affrontare le sfide e i cambiamenti della vita e può condurre a un'evoluzione dell'individuo.

Tuttavia, quando dura troppo o è troppo intenso e le risorse per far fronte ad esso non sono sufficienti, lo stress può essere fonte di disagio: la percezione di non riuscire ad affrontare in modo efficace la sfida ha come conseguenza l'attivazione di contromisure volte al recupero delle forze. Se lo stress permane nonostante i segnali di allarme, il disagio può crescere fino a dare origine a condizioni patologiche o aumentare la gravità di malattie preesistenti.

Il presente volume intende guidare i terapeuti verso una maggior consapevolezza circa i meccanismi sia fisiologici sia patologici che sottendono lo stress nelle prime fasi della vita e nell'individuo adulto, aiutarli a riconoscerne le conseguenze fisiche, psicologiche e comportamentali, consigliarli nella gestione dei pazienti suggerendo tecniche strutturate e consigli pratici personalizzati anche sulla base delle loro caratteristiche psicologiche e fornire gli strumenti per comprendere e gestire lo stress in ambito lavorativo. Il testo è strutturato in 100 brevi domande riguardanti 6 aspetti dell'argomento: ciascuna domanda è fruibile singolarmente ed è arricchita da diversi rimandi intratestuali ad altre domande in cui è approfondito uno specifico aspetto citato.

Nella **prima sezione** si analizzano **lo stress**, le ragioni per cui alcune risposte ad esso sono state selezionate dall'evoluzione per far fronte a determinate situazioni e le sue conseguenze fisiche e psicologiche. Viene dedicato spazio anche alla trattazione delle relazioni con il sonno, l'alimentazione, il dolore e il sistema immunitario.

La **seconda sezione** prende in esame le diverse **strategie** che possono essere applicate **per far fronte allo stress** nella sua accezione più negativa, il *distress*. Lo sviluppo di abilità di vita (*life skills*) utili per vivere con atteggiamento positivo la propria vita individuale e sociale è certamente alla base di ciascuna strategia proposta, unitamente all'adozione di uno stile di vita sano. A partire da queste premesse, nel secolo scorso sono state sviluppate diverse tecniche per la gestione dello stress: la *Mind-Body Medicine*, la *Lyfestile Medicine*, la *mindfulness*, ecc. Vi sono evidenze in letteratura circa l'utilità per la corretta gestione dello stress di unire all'adozione di queste tecniche alcuni altri elementi, apparentemente aspecifici, quali ad esempio la musica, l'arte, i rituali e l'umorismo. Si tratta di arti millenarie, efficaci nel ripristino dell'equilibrio psicofisico, specialmente se il paziente le riconosce come piacevoli e integrabili nel quotidiano.

La **terza sezione** affronta la tematica dello **stress nell'infanzia e nell'adolescenza**, analizzandone cause, conseguenze a lungo termine e possibili soluzioni. Si esaminano la dimensione del problema, il legame con stili di vita scorretti e dipendenze e il ruolo di possibili *stressor*, quali ad esempio i *social network*.

Nella **quarta sezione** si analizzano le **relazioni tra lo stress e alcuni elementi psicologici**, come ad esempio pensieri, emozioni, senso di merito, senso di colpa, autoefficacia e fiducia.

La **quinta sezione** si occupa dello **stress lavoro-correlato**, problematica diffusa con pesanti ricadute sulla società, e degli interventi del legislatore volti alla prevenzione, alla gestione e alla tutela dei soggetti colpiti. Oltre ad affrontare temi quali il *burn-out*, la valutazione dello stress sul posto di lavoro e il ruolo del leader, vengono suggerite delle strategie per aiutare alcuni tipi psicologici di personalità a gestire lo stress lavoro-correlato.

La **sesta e ultima sezione** pone in **relazione lo stress con il benessere e la qualità di vita**, sottolineando l'importanza di insegnare ai pazienti a riconoscere gli stress positivi, vitali, da quelli negativi o cronici per mettere in atto i correttivi necessari ogni volta che i sintomi stress-correlati si fanno sentire. L'obiettivo non è fuggire dallo stress, ma avere consapevolezza di esso e degli strumenti personali per gestirlo in modo appropriato per poter recuperare più velocemente l'equilibrio perduto. La serena accettazione di questa situazione di ciclicità consente di minimizzare il rischio di frustrazione, di stress cronico e di ricorso a sostanze che creano dipendenze ed è un modo efficace per raggiungere ottimi livelli di soddisfazione e felicità.

I. Lo stress: carta d'identità

Aspetto con ansia che l'ansia mi passi.
Anonimo

Che cos'è lo stress?

Lo stress è definito come «risposta funzionale con cui l'organismo reagisce a uno stimolo più o meno violento (*stressor*) di qualsiasi natura (microbica, tossica, traumatica, termica, emozionale, ecc.)» [AA.VV., 2010].

Lo stress è parte integrante della vita di ciascun essere umano. Ogni cambiamento è stressante perché richiede di adattarsi alla situazione nuova e il suo impatto varia in base alla diversa percezione che ne hanno le persone in fase di adattamento. Ciò che genera profonda ansia per qualcuno, come per esempio una scadenza lavorativa, può essere una sfida eccitante e l'incentivo a fare del proprio meglio per qualcun altro. Perché alcune persone sviluppano l'abilità di far fronte allo stress senza manifestare una reazione stressante a livello psicologico o mentale? I diversi punti di forza e di fragilità sui quali applicare piani di miglioramento per una medicina nuova e integrata sono centrati sul diverso tipo di *empowerment* della persona [Benson, 1992].

Le definizioni più famose di stress sono attribuite a:

- Walter Cannon, che nel 1920 sintetizza la reazione da stress con l'espressione "*fight or flight response*", dopo aver studiato la risposta con cui gli animali reagiscono a un'emergenza. Cannon fa riferimento in particolare all'attivazione del sistema nervoso simpatico e alla produzione di adrenalina, necessaria alla violenta immissione di energia per consentire il movimento dell'animale stimolato [Cannon, 2014];
- Hans Selye, che considera lo stress come una sindrome da adattamento, suddivisa in una fase di allarme, una fase di resistenza e una fase di esaurimento [Selye, 1956]. Gli individui possiedono un "serbatoio di energie" per fronteggiare gli stimoli esterni, in base al quale si determina il livello di resistenza al fenomeno. Tale serbatoio di energie si esaurisce quando lo *stressor* è particolarmente intenso o perdura nel tempo oppure quando vi è la compresenza di diversi *stressor*;
- Bruce McEwen, che ha trasformato la teoria di Selye in un modello che prevede che i sistemi (nervoso autonomo e adrenocorticale) che proteggono il corpo umano da eventi stressanti nel breve termine causino danni quando gli *stressor* continuano a sussistere nel lungo termine [McEwen, 2010];
- George Chrousos, secondo cui il termine "stress" deriva dalla radice indoeuropea "str", che è stata storicamente associata all'esercizio di pressione, ed è riconoscibile sia nel verbo inglese "*to strangle*" (strangolare) sia nel latino "*stringere*" (stringere) [Chrousos, 2009].

Che cos'è l'omeostasi?

Tutti gli organismi sono obbligati a mantenere un equilibrio dinamico complesso, definito "omeostasi", che viene costantemente sfidato da forze avverse interne o esterne (*stressor*) [Chrousos, 2009]. Lo stress si manifesta quando l'omeostasi subisce un attacco, sia esso fisico reale oppure percepito a livello psicologico. L'omeostasi si ristabilisce a seguito di adattamenti fisici o psicologici mediati dagli ormoni neuroendocrini del sistema dello stress. Gli effettori centrali di questo sistema includono ormoni ipotalamici, tra cui l'arginina vasopressina, l'ormone che induce il rilascio della corticotropina (CRH), i peptidi derivati dalla proopiomelanocortina, il *locus coeruleus* e i centri per il rilascio della norepinefrina a livello del tronco cerebrale. Il bersaglio di tali ormoni è rappresentato dai seguenti sistemi: cognitivo ed esecutivo, della ricompensa e della paura, immunitario, gastrointestinale, cardiorespiratorio e metabolico. Sono inoltre coinvolti i centri sonno-veglia, gli assi riproduttivi, della crescita e tiroidei. L'elevata complessità dei sistemi che mirano a mantenere l'omeostasi sono stati selezionati nel corso dell'evoluzione e consentono la sopravvivenza se lo *stressor* è acuto e l'omeostasi viene recuperata in tempi relativamente brevi. Se la sollecitazione stressante permane ma l'omeostasi non viene ripristinata, gli stessi ormoni e sistemi coinvolti nella fase di adattamento possono essere causa a loro volta di stress e danno [Chrousos, 2009].

Il concetto di "omeostasi" come principio che descrive l'equilibrio vitale è stato formulato per la prima volta dai filosofi dell'antica Grecia che lo chiamavano "armonia" (Pitagora) o "isonomia" (Alcmeone). Tuttavia, il termine "omeostasi" è stato coniato più recentemente da Walter Cannon [Cannon, 1926]. Studioso di scienze biologiche, psicologia e filosofia, Cannon era profondamente attratto dall'impatto delle emozioni sulla fisiologia. Presso la Harvard Medical School studiò i meccanismi dello stress descrivendo la modalità con cui viene perduto l'equilibrio omeostatico ideando la definizione di *"fight or flight response"*. La parola "stress" fu usata per la prima volta con il significato corrente di perturbazione dell'omeostasi dal ricercatore ungaro-canadese Hans Selye negli anni Cinquanta [Selye, 1956].

Come funziona la risposta allo stress?

Il cervello è l'organo chiave per attivare la risposta allo stress, poiché identifica un attacco (quindi potenzialmente uno *stressor*) e il tipo di risposta fisiologica e comportamentale da mettere in atto, che può esitare in benefici (risposta di adattamento) o danni.

La paura del peggior risultato possibile (ad esempio, la disoccupazione, il fallimento), la paura dell'imbarazzo sociale, la paura del dolore o la paura di fallire attiva l'amigdala, una parte del sistema limbico del cervello [Beckers, 2013]. L'amigdala risponde alla paura o al pericolo dando inizio a un'immediata risposta simpatica, seguita poco dopo da una risposta neuroendocrina, in un tentativo istintivo di ripristinare l'omeostasi e promuovere la sopravvivenza [Tsigos, 2002; Dedovic, 2009; Mora, 2012].

Nella fase iniziale della risposta acuta allo stress, l'amigdala segnala al tronco cerebrale di liberare le catecolamine adrenergiche, noradrenalina e adrenalina [Sorrels, 2009]. Una volta rilasciate nel flusso sanguigno, le catecolamine aumentano la frequenza cardiaca, la pressione sanguigna e la respirazione; causano vasocostrizione delle arteriole; stimolano la secrezione di sudore e la dilatazione pupillare [Vinik, 2011]. È importante sottolineare che questa risposta simpatica a breve termine è proinfiammatoria e viene attivata per distruggere eventuali antigeni, agenti patogeni o invasori esterni [Gosain, 2006]. Inoltre, sotto stress l'amigdala attiva l'asse ipotalamo-ipofisi-surrene, segnalando all'ipotalamo la necessità di rilasciare CRH [Jankord, 2008]. Questo ormone induce il rilascio dell'ormone adrenocorticotropo dall'adenoipofisi, il quale stimola il rilascio di cortisolo da parte della corteccia surrenalica. Circa 15 minuti dopo lo stimolo, si alza il livello di cortisolo a livello sistemico e rimane elevato per alcune ore [Dedovic, 2009]. Livelli aumentati di cortisolo mobilitano i substrati di glucosio e tissutali che vengono usati come carburante, sopprimono i sistemi che gestiscono organi non vitali e riducono l'infiammazione per consentire una gestione efficace dello stress [Hannibal, 2014; Heim, 2000].

In condizioni normali, il cortisolo si lega ai recettori dei glucocorticoidi (GR) e agisce come un antinfiammatorio. Tuttavia, la secrezione prolungata o eccessiva di cortisolo può causare una *down-regulation* compensativa o la resistenza da parte dei recettori GR che blocca il legame al cortisolo. Si tratta di un meccanismo simile a quello che si realizza nel diabete insulino-resistente [Norman, 2002]. È stato anche suggerito che picchi estremi nel cortisolo possano aumentare la sua affinità per il recettore mineralcorticoide (MR) e, quando legato al MR, il cortisolo ha effetti proinfiammatori [Hannibal, 2014].

Che cosa sono l'eustasi, la cacostasi, l'iperstasi e l'allostasi?

L'interazione fra gli *stressor* che inducono alterazione dell'omeostasi e i sistemi di adattamento allo stress può generare tre potenziali risultati nell'organismo:

- eustasi, quando le due forze si compensano in modo perfetto e l'organismo riacquista subito il suo equilibrio;
- cacostasi, quando la risposta di adattamento è inappropriata (per esempio è eccessiva o troppo lunga nel tempo) e l'organismo resta in uno stato di squilibrio, che conduce al consumo cronico delle riserve energetiche dell'organismo senza che vi sia la capacità di recupero funzionale delle stesse;
- iperstasi, quando l'incrocio tra la sfida e le risorse disponibili per farvi fronte sono non solo appropriate, ma addirittura consentono all'organismo di ottenere un vantaggio evolutivo, cioè il ripristino dell'equilibrio è ottenuto a un livello superiore rispetto a quello di partenza [Chrousos, 2009].

Il termine "allostasi" è stato coniato da McEwen per chiarire l'ambiguità insita nelle varie interpretazioni della parola "stress" [McEwen, 2005]. Si riferisce al processo di adattamento che mantiene l'omeostasi durante la produzione dei mediatori dello stress, principalmente adrenalina, cortisolo e citochine. Inoltre il termine chiarisce la differenza fra il concetto di equilibrio tra i sistemi essenziali per la vita (omeostasi) e il concetto di ciò che mantiene in equilibrio questi sistemi (allostasi). Gli stati allostatici sono quei meccanismi che consentono di anticipare le richieste energiche in caso di cambiamenti più o meno prevedibili dell'ambiente circostante (variazioni nelle relazioni sociali, nel clima, nella presenza di predatori, ecc.) e sono caratterizzati da un'alterazione nei livelli di produzione dei mediatori primari dello stress (glucocorticoidi).

È possibile creare le condizioni per il mantenimento dell'allostasi per periodi limitati in previsione di scarso introito di cibo, in modo da fornire carburante per l'equilibrio omeostatico (es. il grasso accumulato negli orsi che si preparano all'inverno). In effetti la routine che prepara gli esseri viventi al cambio delle stagioni, volta alla conservazione del nutrimento e alla sopravvivenza in condizioni avverse, è uno stress sopportabile e funzionale. Tuttavia, se l'introito di cibo continua, come negli animali in cattività che hanno già abbondanti riserve di energia, compaiono sintomi da sovraccarico allostatico (es. l'obesità addominale che si osserva in certi animali negli zoo). Anche per gli esseri umani, quando la sequenza di eventi imprevedibili si accumula (tempeste, terremoti, disastri naturali, ma anche interazioni sociali antagoniste o troppo dominanti), il carico allostatico aumenta vertiginosamente e diventa sovraccarico. Si può quindi creare un danno da usura dei sistemi regolatori nel cervello e nel resto del corpo denominato *"wear and tear"* che predispone alla malattia.

Che cosa succede se il sistema dello stress non riesce a far recuperare l'omeostasi?

Una buona attività basale del sistema dello stress è essenziale per il senso di benessere percepito, il successo nelle prestazioni e l'appropriatezza nelle relazioni sociali. Sia un'eccessiva (iperfunzione) sia un'inadeguata (ipofunzione) dell'attività basale, con inefficiente risposta del sistema dello stress alle sollecitazioni stressogene, possono impattare negativamente su sviluppo, crescita e composizione corporea [Tsisgos, 2015] sino alla manifestazione di condizioni patologiche comportamentali e somatiche. Infatti, poiché la risposta adattogena allo stress ha come primo obiettivo la sopravvivenza, in caso di pericolo un livello di paura troppo elevato o troppo basso determina l'esposizione a un rischio maggiore rispetto a una corretta valutazione del rischio. Sia il soggetto troppo inibito, che rischia l'isolamento sociale, sia il soggetto troppo disinibito, che sottostima i rischi, hanno maggiori rischi di morbilità e mortalità [Chrousos, 2009].

Una percezione continua dello stress senza recupero dell'omeostasi è associata a disregolazione dei circuiti ippocampali, endocrini e del sistema nervoso autonomo con un declino della salute cognitiva e generale [Chrousos, 2005]. La corteccia prefrontale svolge un ruolo molto importante nella percezione dello stimolo stressante in quanto segnale continuativo. Mentre nei contesti di vita sicuri la sensazione di paura o la percezione generale di essere "sotto attacco" risulta inibita da parte della corteccia prefrontale, nei contesti percepiti come incerti la corteccia disinibisce l'amigdala e l'emozione della paura aumenta [Thayer, 2012]. La secrezione di CRH, norepinefrina e cortisolo attiva il sistema della paura che produce ansia, anoressia o iperfagia. Gli stessi mediatori causano una riduzione della soddisfazione nel sistema della ricompensa, che produce depressione e ricerca smaniosa di ricompense sempre maggiori, spesso rappresentate dal cibo. Questi mediatori sopprimono il sistema del sonno, causando insonnia, risvegli notturni e sonnolenza diurna. D'altro canto le citochine infiammatorie prodotte dal sistema immunitario danno luogo a sintomi come fatica, nausea e mal di testa o altri dolori diffusi. Tale sindrome, caratterizzata da segni e sintomi cognitivi, comportamentali, fisici e psicologici è denominata *sickness syndrome* [Chrousos, 2009].

Per poter attivare percorsi personalizzati di miglioramento, il terapeuta dovrebbe comprendere in che modo il soggetto risponde allo stress [Muscatell, 2012].

Quando lo stress consente di ottimizzare la prestazione?

Lo stress è la spinta all'evoluzione ed è un elemento essenziale per la sopravvivenza, dal momento che le condizioni del contesto mutano più volte nell'arco della vita di ciascun individuo. Come dice Hans Selye: «Lo stress è il sale della vita».

Sta all'individuo discernere se l'evoluzione è, oltre a uno scopo di sopravvivenza della specie, anche una necessità personale, un desiderio di realizzazione o entrambi. Lo stress è necessario in quanto è il motore della ricerca di sé. Anche se a volte è testimonianza di disagio, se si è allenati a gestirlo, può essere elettrizzante e molto gratificante. Lo stress è cambiamento e adattamento al tempo stesso. L'adattamento a condizioni avverse viene definito con il termine "resilienza" (v. domanda 29). "Adattamento" non significa però reprimere il proprio vero sé, ma trovare le condizioni migliori per scoprirlo.

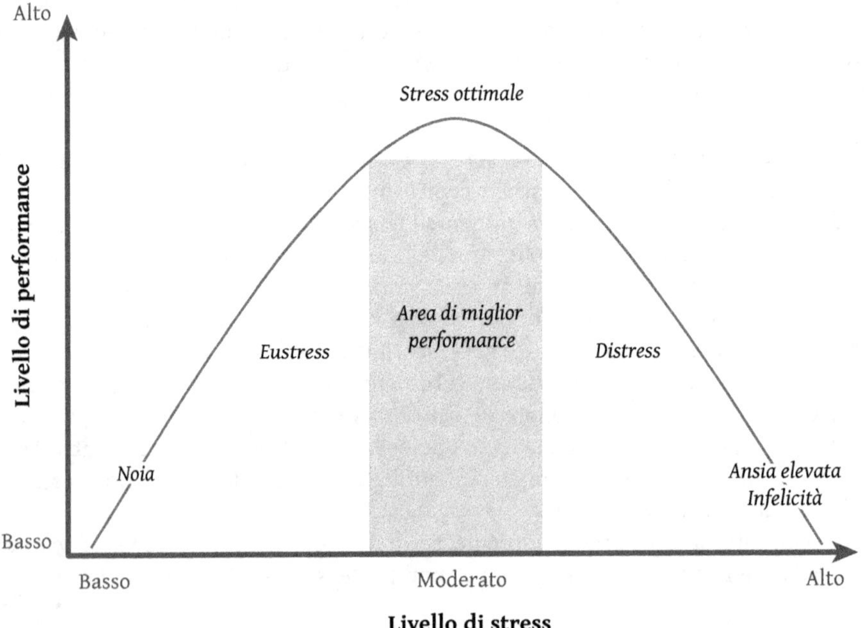

La legge di Yerkes-Dodson. Le prestazioni ottimali si ottengono quando il livello di stress è moderato. Modificato da [Diamond, 2007]

Secondo la legge di Yerkes e Dodson [Yerkes, 1908] e dei successivi adattamenti [Diamond, 2007], la risposta adattogena allo stress può essere rappresentata come una curva a U rovesciata. In condizioni di salute basali, la miglior risposta allo stress, che corrisponde alla massima prestazione, è collocata al centro della curva, al suo apice. Tale situazione viene definita *"eustress"*, facendo riferimento in particolare al fatto che lo *stressor* venga percepito in modo positivo [Selye, 1974]. Si tratta di una situazione in cui la sollecitazione stressogena è proporzionata sia all'energia disponibile per farvi fronte, sia alle competenze dell'individuo, che è in grado di ripristinare rapidamente l'equilibrio perduto.

Risultati al di sotto della massima performance si ottengono ai due lati della curva, in cui a sinistra si colloca un adattamento insufficiente per risparmio energetico in atto (talvolta con manifestazione di forme depressive e di stanchezza cronica) e a destra le prestazioni inefficaci per esaurimento energetico (sfinimento e *burn-out*).

Quali sono i segni di *distress*?

Hans Selye ha dimostrato che la stimolazione stressogena può essere sfidante e vantaggiosa. Oltre a un determinato livello, però, lo stress diventa cronico o eccessivo e il corpo perde la capacità di adattamento [Selye, 1974]. In tal caso si parla di "*distress*" (v. domanda 6), facendo riferimento allo stress negativo, che provoca disagio e senso di inadeguatezza. Il *distress*, richiedendo molta energia per essere affrontato, attiva fenomeni fisici, comportamentali e psicologici che, se protratti cronicamente, danno origine a disturbi metabolici e infiammatori patologici.

Segni fisici	Segni comportamentali	Segni emotivi	Segni cognitivi
• Tachicardia, respirazione affannosa • Emicrania • Mal di schiena • Disturbi digestivi • Bocca secca • Ronzii • Sudorazione alle mani	• Masticazione compulsiva di chewing gum • Ipercritica verso gli altri • Digrignamento notturno • Abuso di alcol • Disturbi alimentari	• Pianto frequente • Noia, perdita di significato delle cose • Sensazione di impotenza nei confronti del cambiamento • Solitudine • Tristezza immotivata	• Mancanza di creatività • Perdita di memoria • Preoccupazione costante • Perdita del senso dell'umorismo • Incapacità decisionale

Segni di *distress* [Aguzzoli, 2008]

Che cosa sono i MUS
(*Medically Unexplained Symptoms*)?

I *Medically Unexplained Symptoms* (MUS) o *Medically Unexplained Physical Symptoms* (MUPS) sono i cosiddetti "sintomi vaghi e aspecifici". Rosendal e colleghi li definiscono come «condizioni in cui i pazienti lamentano sintomi fisici che causano eccessiva preoccupazione o disagio o portano i pazienti a cercare un trattamento, ma per i quali non è possibile trovare una corrispondenza in una patologia d'organo diagnosticabile» [Rosendal, 2007].

L'esperienza delle sensazioni e dei sintomi corporei è comune e la maggior parte delle persone li gestisce senza il coinvolgimento del sistema sanitario. La minoranza di pazienti (circa il 30%) che cerca aiuto è gestita principalmente nell'ambito delle cure primarie. Solo l'1% delle persone con sintomi fisici necessita di cure specializzate.

I MUS non sono facilmente classificabili perché si tratta di disordini multifattoriali a eziologia eterogenea, quindi difficilmente circoscrivibili dai manuali classici di inquadramento diagnostico: cefalea, stanchezza, disturbi del tono dell'umore, fame esagerata o inappetenza, difficoltà di concentrazione e di memoria, disturbi digestivi e del sonno e molti altri segni di disagio.

La cura dei MUS è un settore in rapida espansione nell'assistenza primaria e nella sanità pubblica: numerosi studi hanno dimostrato che il 15-30% dei pazienti nell'area delle cure primarie presenta MUS con sintomi fisici senza evidenza di malattie d'organo [Kirmayer, 2004] e in letteratura sono presenti più di 10.000 pubblicazioni riguardanti questo tipo di sintomi.

Spesso la presenza di MUS determina la richiesta urgente di esami diagnostici e ricoveri che rappresentano un costo elevato per i sistemi sanitari. È buona norma concordare un piano d'azione globale con il paziente per debellare questo genere di sintomi [Hatcher, 2008], evitando al contempo sia di dare l'impressione di sottovalutare i suoi problemi sanitari, sia di richiedere esami diagnostici inutili.

Un ampio studio multicentrico pubblicato sull'*European Journal of Clinical Investigation* [Tsigos, 2015] ha valutato su quasi 100.000 soggetti l'associazione delle misurazioni della composizione corporea con un dispositivo di bioimpedenza a doppia frequenza (BIA-ACC), con biomarcatori di stress/infiammazione cronici e la presenza di MUS. Lo studio ha rilevato correlazioni significative, dimostrando che i MUS sono indici affidabili di stress cronico e infiammazione.

In Italia, dal 2012, si svolge il Congresso Internazionale annuale dal titolo "Neuroimmunoendocrinology, Metabolism, Clinical Nutrition and Physical Rehabilitation", organizzato dall'Open Academy of Medicine e dedicato all'approfondimento di questi temi [Open Academy of Medicine, 2018].

Quali disturbi possono insorgere a causa dello stress e da quali mediatori sono provocati?

Lo stress acuto, anche se presente soltanto in forma episodica, può scatenare:

- reazioni allergiche (asma, eczema e orticaria), dovute alla reazione immune indotta dal CRH nei confronti della degranulazione dei mastociti negli organi maggiormente vulnerabili (polmoni e pelle);
- fenomeni vascolari (emicrania e attacchi ipertensivi o ipotensivi); si ritiene che anche l'emicrania possa dipendere dalla degranulazione dei mastociti nei vasi sanguigni meningei, che determina vasodilatazione locale e aumento della permeabilità della barriera ematoencefalica, mentre gli attacchi ipertensivi o ipotensivi possono essere scatenati dall'iperattivazione simpatica o parasimpatica rispettivamente;
- sintomi dolorosi (mal di testa, dolore pelvico, addominale e lombare);
- sintomi gastrointestinali (indigestione, diarrea, costipazione);
- attacchi di panico ed episodi psicotici, presumibilmente scatenati dal CRH che agisce a livello dell'amigdala attivando il sistema della paura [Chrousos, 2009].

Si parla, invece, di "stress cronico" in presenza di un'esposizione prolungata a una sollecitazione che perturba l'equilibrio e che dura per più di sei mesi. Il soggetto, in tal caso, non riesce a porre rimedio alla sollecitazione e a ripristinare l'equilibrio, ma attiva un consumo costante di energia nel tentativo di trovare una soluzione, subendola fino a dare origine a sintomi patologici.

Tale meccanismo viene accompagnato a livello metabolico da fenomeni infiammatori definiti di "basso grado" [Rohleder, 2014] che servono a portare energia nel distretto colpito dall'attacco stressogeno e a drenare le sostanze di scarto.

In caso di vulnerabilità genetica, costituzionale o epigenetica [Charmandari, 2005], lo stress cronico può generare attraverso i suoi mediatori alcune condizioni patologiche fisiche e mentali. In particolare, lo stress cronico può scatenare:

- ansia, depressione, disfunzioni esecutive e/o cognitive;
- fenomeni cardiovascolari (ipertensione);
- disturbi metabolici (obesità, sindrome metabolica, diabete mellito di tipo 2);
- aterosclerosi;
- malattia degenerativa neurovascolare;
- osteopenia e osteoporosi;
- disturbi del sonno (insonnia o sonnolenza diurna).

Tali stati patologici sono la conseguenza dell'attivazione cronica di diversi mediatori, tra cui principalmente CRH, noradrenalina, cortisolo e interleuchina 6, che spesso agiscono sinergicamente e creano reazioni a cascata [Chrousos, 2009].

Inoltre, a seguito dello stress cronico, sono inibiti l'asse della crescita, gli ormoni riproduttivi e quelli tiroidei.

Lo stress cronico produce anche disfunzioni a livello immunitario, tra cui lo switch da Th1 a Th2, che predispongono a determinate infezioni, patologie autoimmuni e condizioni allergiche [Chrousos, 2009].

L'iperattivazione dei sistemi dello stress in generale induce l'esasperazione di meccanismi che nei millenni hanno favorito la selezione naturale. Le stesse condizioni stressogene ambientali che nel corso dell'evoluzione umana hanno indotto il genoma a selezionare aspetti come la conservazione dell'energia, il contrasto alla disidratazione e l'anticipazione dell'attacco da parte di potenziali avversari, nella società moderna determinano obesità, ipertensione e ansia generalizzata [Chrousos, 2009] (v. domanda 16).

Lo stress psicosociale è tra le condizioni più subdole che oggi determinano stress cronico. È un fenomeno ubiquitario, pervade tutta la società moderna e non è di facile quantificazione. Le statistiche evidenziano un significativo impatto patologico dello stress per quanto riguarda i tassi di morbilità e mortalità quando è vissuto nelle età precoci della vita (v. domanda 56), quando è cronico e quando c'è la compresenza di uno basso status socioeconomico [Brown, 1991; Flegal, 2005].

Quali sono le conseguenze psicologiche dello stress cronico?

In caso di stress cronico, se l'attitudine del soggetto coinvolto è indirizzata al pensiero ripetitivo e rimuginante, il metabolismo cerebrale impatta in modo molto significativo sul consumo di risorse energetiche. Per questa ragione il trauma psichico incide in modo simile al trauma fisico.

In sintesi, i fenomeni infiammatori e la continua richiesta di energia danno luogo a sintomi psichici, fisici e comportamentali che obbligano l'organismo a ridurre le richieste e ad attivare piani di recupero di risorse. L'organismo non può tollerare a lungo la carenza di energia per il sistema nervoso e per quello immunitario, quindi i sintomi si attivano per garantire la sopravvivenza.

Inoltre la persona rischia di acquisire l'identità del sintomo invece di sviluppare la propria, e il sintomo diventa uno *stressor* di per sé: cercando tenacemente la soluzione, talvolta l'individuo si specializza così tanto sul sintomo che esso stesso diventa un carattere strutturale della personalità. Quindi, invece di far evolvere la capacità di affrontare la realtà, lo stress devia la realizzazione personale del soggetto. Inoltre il paziente può imparare un atteggiamento rinunciatario che determina la manifestazione di patologie organiche. Che si tratti di modificare gli obiettivi o di accantonare i problemi in quanto superati, il sintomo ha ottenuto il suo scopo: richiamare l'attenzione.

La relazione terapeuta-paziente è la chiave di cambiamento. Il terapeuta, invece di soffocare il sintomo stressante, limitandosi a prescrivere blandi palliativi che lo fanno cronicizzare e diventare ancor più sfiduciato in merito alla possibilità di uscire dal sintomo, dovrebbe aiutare il paziente a decodificarne le possibili origini e nel frattempo affiancarlo senza sostituirsi nelle sue scelte. Come un bravo counsellor, lo dovrebbe guidare a conoscere la sua resilienza (v. domanda 29) e i suoi punti di ancoraggio e lo dovrebbe allenare a piccoli cambiamenti. Stili di vita e ritmo, introspezione e tecniche di rilassamento (v. sezione "Come risolvere lo stress") servono per rendere lo stress un consigliere di autoconoscenza. Spesso i pazienti con i MUS sono sensibili e ad alto potenziale evolutivo, ma sono stati frenati proprio per la loro sensibilità da regole inappropriate che ne hanno impedito la manifestazione. È necessario che ripristinino una fisiologica reazione allo stress, la risposta *fight or flight*, che è stata selezionata dall'evoluzione in quanto permette un alternarsi salvifico del ritmo fra attivazione del sistema nervoso simpatico (per ottenere energia per l'azione) e attivazione del sistema nervoso parasimpatico (pausa per il recupero energetico). Gestire lo stress comporta un atteggiamento flessibile, un costante allenamento al cambiamento e un'apertura alle possibilità e alle abilità necessarie alla propria realizzazione.

C'è differenza tra uomo e donna nella gestione dello stress?

Uno studio pubblicato da Rohleder ha rilevato l'esistenza di una diversa sensibilità ai glucocorticoidi e alle citochine proinfiammatorie nei due sessi [Rohleder, 2001]. Un gruppo di uomini e un gruppo di donne sono stati sottoposti a stress test psicosociale (*Trier Social Stress Test*) da cui è emerso che il cortisolo salivare era secreto senza differenze significative, mentre era opposta la produzione di citochine e la sensibilità ai glucocorticoidi. Negli uomini la sensibilità ai glucocorticoidi dopo un'ora dal test era marcatamente aumentata, mentre nelle donne era diminuita. Al contrario, la risposta da stress aveva causato una riduzione nella produzione di citochine da stress negli uomini e un aumento nelle donne.

Inoltre la risposta di reazione allo stress definita da Cannon come *fight or flight* non sembra applicabile a entrambi i sessi. Secondo Cannon [Cannon, 1932] la risposta *fight or flight* corrisponde alla tendenza a reagire in caso di stimolo stressante acuto attaccando o fuggendo, seguendo l'istinto dell'autodifesa e della conservazione della specie. Essa è stata studiata principalmente negli animali maschi, ma le femmine sembrano orientate maggiormente verso la risposta *tend and befriend* (accudimento e ricerca della cooperazione sociale) [Verma, 2011]. La protezione della progenie e la vita in gruppo garantiscono la continuità della specie e procurano numerosi benefici, tra cui il raggiungimento di obiettivi comuni e l'accesso a risorse (es. la nutrizione cooperativa, cioè quella offerta anche dalle femmine che non sono le madri naturali). Le donne creano, mantengono e usano le reti sociali per gestire le condizioni di stress [Taylor, 2000].

Dal punto di vista neuroendocrino, la risposta da stress coinvolge il sistema nervoso simpatico e l'asse ipotalamo-ipofisi-surrene (asse HPA) in entrambi i generi. Le femmine, però, mirano all'attaccamento e all'accudimento della prole e questo comportamento tende a tamponare il picco eccitatorio provocato dal sistema nervoso e dall'asse HPA.

La corteccia prefrontale destra (CPFD) è una componente importante sia per la regolazione delle emozioni negative sia per il sistema di vigilanza, mentre la corteccia prefrontale sinistra (CPFS) è associata alle emozioni positive e agli obiettivi di piacere [Wang, 2005]. L'ipotesi che sostiene la prevalenza della risposta *fight or flight* negli uomini è confortata dall'osservazione dell'attivazione della CPFD e dalla deattivazione della CPFS negli uomini sottoposti a stress. D'altra parte nelle femmine c'è una prevalente attivazione delle zone del sistema limbico, deputato alle emozioni, da cui emerge il modello *tend and befriend* [McClure, 2004]. Inoltre la risposta allo stimolo stressante dura più a lungo rispetto agli uomini.

Le donne appaiono fisiologicamente più reattive alle sfide collegate al rifiuto sociale, mentre gli uomini reagiscono di più alle sfide riguardanti la realizzazione personale. Una maggiore reattività delle donne allo stress da rifiuto può contribuire a un aumento dei disturbi affettivi nelle donne. Secondo alcuni studi, per le donne gli *stressor* si presentano più facilmente nelle questioni familiari o di salute mentre per gli uomini riguardano maggiormente l'ambito delle relazioni, dell'economia e del lavoro (v. sezione "Lo stress lavoro-correlato").

Qual è la relazione fra stress, infiammazione e dolore?

Le valutazioni cognitive non funzionali o le convinzioni relative alla natura minacciosa di potenziali fattori di stress possono promuovere una risposta allo stress esagerata che può dare luogo, esacerbare o prolungare l'esperienza del dolore [Benedetti, 2006]. Occorre tenere presente che il dolore stesso è un potenziale fattore di stress: una percezione del dolore disfunzionale può evocare una risposta fisiologica talmente potente da diventare essa stessa la fonte di permanenza del dolore cronico e della disabilità [Hannibal, 2014].

Lo stress cronico che si protrae attiva un'infiammazione di basso grado, che è funzionale alla messa in circolo di energia costante, necessaria alla ricerca dell'omeostasi [Rohleder, 2014]. La situazione stressante che permane è indice del fatto che il soggetto non è riuscito a sospendere la ricerca di una soluzione per sottrarsi allo *stressor* (evitamento e ripristino dell'omeostasi) o per superare il problema (iperstasi).

Lo stress nei pazienti con malattie infiammatorie croniche come l'artrite reumatoide stimola i meccanismi proinfiammatori a causa del difetto dei sistemi di risposta allo stress (in particolare, il sistema nervoso simpatico e l'asse ipotalamo-ipofisi-surrene). Tra gli altri meccanismi, la perdita delle fibre nervose simpatiche nel tessuto infiammato e l'insufficiente secrezione di cortisolo in relazione all'infiammazione inducono in questi pazienti un aumentato carico proinfiammatorio. Lo stress e la conseguente stimolazione dell'infiammazione (sistemica e locale) inducono una maggiore sensibilità al dolore. Il sommarsi di ulteriori difetti dei sistemi di risposta allo stress instaura un circolo vizioso tra stress, dolore e infiammazione [Straub, 2009].

Qual è il rapporto tra piacere e dolore?

Gli esseri viventi cercano la felicità, intesa come riduzione del dolore o aumento del piacere. Dal punto di vista neuroscientifico, secondo Siri Leknes e Irene Tracey del Dipartimento di Clinica Neurologica dell'Università di Oxford, piacere e dolore sono potenti motivatori dei comportamenti, ma sono storicamente sempre stati considerati opposti [Leknes, 2008]. Evidenze emergenti nel campo della ricerca dei meccanismi che regolano la ricompensa (v. domanda 39) stanno dimostrando attualmente notevoli somiglianze nel substrato anatomico delle sensazioni di piacere e di dolore.

La maggior parte degli studi sul piacere e sul dolore finora sono stati condotti considerando i due fenomeni separatamente: solo di recente si è iniziato a tracciare un ponte per collegare i due settori di ricerca. Questo sviluppo è stato rinforzato dall'attenzione crescente rivolta alle sensazioni emotive soggettive scatenate durante la punizione o la ricompensa. "Ricompensa" e "punizione" sono definite come prestazioni che un essere vivente si sforza di ottenere o evitare. Il piacere rappresenta il valore soggettivo della ricompensa. Il termine "dolore" racchiude entrambi gli aspetti che caratterizzano un'esperienza dolorosa: la sofferenza (aspetto edonico) e la motivazione (evitamento). È importante per la sopravvivenza cercare il piacere evitando il dolore. Queste due tendenze competono a livello cerebrale. Se piacere e dolore sono presenti contemporaneamente, il filtro emozionale processa per primo uno dei due a livello cerebrale.

C'è un'ampia variabilità di percezione che caratterizza la traduzione della forza di uno stimolo sensoriale e il risultato di una sensazione di piacere. Per esempio, gli atleti durante una competizione possono risultare resistenti al dolore in vista della ricompensa collegata alla vittoria. Un fattore chiave per l'interpretazione del piacere e del dolore è la sua utilità soggettiva. Per esempio, nel recupero dell'equilibrio dell'organismo, il valore di ricompensa di uno stimolo aumenta con l'aumentare dell'efficacia prodotta dallo stimolo. Questo effetto, noto come "allostasi", è ben documentato per quanto riguarda la ricompensa tramite il cibo, ricompensa che risulta più piacevole da ricevere, ovviamente, quando l'individuo è affamato.

Poiché l'esperienza dolorosa rappresenta una deviazione dall'armonia, lo stesso principio può essere applicato al dolore: quando un attacco all'organismo risulta troppo forte, il dolore aumenta, incrementando così i sistemi di difesa e di evitamento.

Quale ruolo ricopre
la dopamina nello stress?

La dopamina è l'ormone della volontà e della ricompensa. A livello neuronale, essa è presente nello spazio extrasinaptico (forma tonica) e nello spazio sinaptico (forma fasica). Ogni volta che si desidera fortemente qualcosa, si ha un picco della dopamina fasica (responsabile dei picchi di desiderio e di piacere) e un calo di quella tonica. Quando il livello di dopamina tonica, invece, è molto elevato, per esempio se si è stanchi e in fase di recupero di energia, viene ostacolata la dopamina fasica. Si tratta di un meccanismo di sicurezza che permette di evitare di mettersi in gioco in caso di scarse risorse [Leknes, 2008].

Il comportamento impulsivo e la schizofrenia sono collegati a un'eccessiva risposta del sistema della dopamina fasica, mentre la depressione, il dolore cronico e l'anedonia (incapacità dell'individuo di provare piacere) sono collegati a una bassa risposta al sistema della ricompensa (v. domanda 39). I livelli di dopamina tonica sono influenzati dall'omeostasi e uno stato di stress prolungato o di dolore cronico aumenta la dopamina tonica, selezionando un meccanismo di riposo e di bassa attività nel corso di un trauma o un incidente. Questo meccanismo sembra essere la causa dell'aumentata sensibilità al dolore in alcune sindromi dolorose grazie al blocco del sistema antidolorifico della dopamina fasica. Anche l'astinenza da sostanze sembra essere mediata da un aumento della dopamina tonica e quindi da iperalgesia.

La dopamina gioca un ruolo fondamentale anche nel cambiamento, nei confronti del quale l'uomo dovrebbe essere fisiologicamente predisposto per adattarsi alle varie fasi della vita. Tuttavia, in determinate situazioni, per diversi motivi, invece di favorire il cambiamento, lo si allontana, in quanto è vissuto come un attacco alla stabilità e alla sopravvivenza. Quando si inizia a cambiare, si incontra spesso una serie di ostacoli affrontabile in base ai livelli di energia posseduti e percepiti come disponibili. La capacità di far fronte a rischi per i quali si ritiene di essere sufficientemente preparati comporta una "crescita prudente". Talora si affrontano rischi molto alti anche senza avere la certezza di riuscire a controllare tutte le variabili, e ciò accade quando ci si innamora follemente o quando lo scopo è alto e ha un significato valoriale forte. In tal caso si accede a un'energia supplementare che si chiama "energia psichica del desiderio". In gergo neuroscientifico ha un'identità precisa: si tratta, per l'appunto, della dopamina, che consente di avere a disposizione quel supplemento di energia che permette di procedere alla conquista desiderata.

Quando si ha una buona energia, sia fisica sia psichica, si creano le condizioni per un cambiamento di azione. Quando si tende a giustificarsi o a lamentarsi, inizia la fase del recupero che, se non consapevole, può sfociare nel vittimismo.

Per queste ragioni i terapeuti devono evitare di prescrivere in modo standardizzato stili di vita che prevedono una riduzione calorica o un forte movimento (v. domanda 21). Il lavoro da fare per recuperare l'energia passa dal corpo e dalla mente, quindi oltre a prescrivere una buona alimentazione e attività fisica, va valutato accuratamente il dispendio energetico causato dal sistema nervoso centrale e dal sistema immunitario. Occorre anche considerare se c'è rimuginamento o se mancano alcune abilità per l'assunzione di decisioni favorevoli o per la regolazione emozionale.

Quali sono i principali eventi stressanti nel corso della vita di un individuo?

Tutti i cambiamenti che avvengono nel corso della vita di un individuo possono essere fonte di stress sia dal punto di vista della salute fisica, sia dal punto di vista di quella mentale. Di seguito riportiamo un elenco di cambiamenti ordinati in base alla rilevanza, messo a punto da due psichiatri, Thomas H. Holmes e Richard H. Rahe nel 1967 [Holmes, 1967] per aiutare le persone a comprendere quali sono le fonti di stress nella propria vita.

1. Morte di un coniuge	23. Allontanamento da casa di un figlio
2. Divorzio	24. Problemi con parenti acquisiti
3. Separazione dal coniuge	25. Notevole successo personale
4. Incarcerazione	26. Inizio o fine del lavoro da parte del coniuge
5. Morte di un parente stretto	27. Inizio o fine della scuola
6. Incidente o malattia	28. Cambiamento nelle condizioni di vita
7. Matrimonio	29. Mutamento nelle abitudini personali
8. Licenziamento	30. Problemi con il capo sul lavoro
9. Riconciliazione coniugale	31. Cambiamento negli orari o condizioni lavorative
10. Pensionamento	32. Cambiamento di residenza
11. Problemi di salute di un familiare	33. Cambiamento di scuola
12. Gravidanza	34. Cambiamento nelle attività del tempo libero
13. Problemi sessuali	35. Cambiamento nelle attività religiose
14. Acquisizione di un nuovo membro familiare	36. Cambiamento nelle attività sociali
15. Cambiamenti negli affari	37. Ipoteca o prestito non molto elevato
16. Cambiamento nello stato economico	38. Cambiamento nelle abitudini del sonno
17. Morte di un amico stretto	39. Cambiamento nelle abitudini familiari
18. Cambiamento di attività lavorativa	40. Cambiamento nelle abitudini alimentari
19. Variazione nei contrasti con il coniuge	41. Vacanze
20. Ipoteca di entità rilevante	42. Natale
21. Pignoramento	43. Lievi violazioni della legge
22. Cambiamento di responsabilità sul lavoro	

Principali fonti di stress [Holmes, 1967]

Che cos'è lo stress psicosociale?

Tra le fonti di stress psicosociale (la tipologia di stress cronico prevalente nella società a elevato sviluppo tecnologico) vi sono: i brutti pensieri, le credenze negative su di sé, le abitudini del ragionamento che creano blocchi anche quando non ci sono, le relazioni difficili, l'ambiente sociale giudicante, la perdita della dignità sociale o lavorativa.

Molta letteratura sullo stress dichiara il ritardo evolutivo della specie nella nostra epoca che, pur essendo caratterizzata da un'esplosiva accelerazione tecnologica, non è stata accompagnata da una corrispondente evoluzione dei sistemi di adattamento degli individui. Il mancato adattamento risulta attribuibile a un ritardo di sincronizzazione del corpo umano con i nuovi bisogni. Esso necessita di molte generazioni per abituarsi al fatto che il cibo sia diventato eccessivo rispetto al passato o che l'acqua sia disponibile nelle abitazioni in quantità illimitata e che i predatori non si avvicinino più alle nostre abitazioni in forma di belve feroci o di guerrieri conquistatori. Pertanto i meccanismi di sopravvivenza privilegiano la conservazione dei liquidi, delle riserve di energia e si avvalgono del disturbo d'ansia come se fosse un modo per affrontare i continui attacchi alla propria incolumità.

Il mutamento delle condizioni di vita nella società tecnologica e civilizzata ha abituato troppo alla passività. La sfida attualmente in corso per far fronte allo stress

Stressor evolutivi	Vantaggio selettivo	Malattia contemporanea
Combattere la fame	Conservazione dell'energia	Obesità e sindrome metabolica
Combattere la disidratazione	Conservazione dei fluidi e degli elettroliti	Ipertensione
Combattere gli agenti patogeni	Potenziamento della reazione immunitaria	Autoimmunità e allergia
Prevedere un attacco da parte dell'avversario	Eccitazione e paura	Ansia e insonnia
Minimizzare l'esposizione al pericolo	Isolamento sociale	Depressione
Prevenire la lacerazione e perdita di tessuti	Mantenimento dell'integrità tissutale	Sindrome dolorosa e da affaticamento

Risposte adattative agli *stressor* evolutivi e malattie correlate nelle società umane moderne. Modificata da [Chrousos, 2009]

psicosociale è quella di far sviluppare l'intelligenza emotiva («insieme di abilità che contribuiscono all'accurata valutazione ed espressione delle emozioni proprie e degli altri, alla regolazione efficace delle emozioni in se stessi e negli altri e all'uso dei sentimenti per motivarsi, pianificare e realizzarsi nella propria vita» [Salovey, 1990]), le *life skills* (v. domanda 27) e gli stili di vita sani.

Lo stress e la sua gestione sono temi che devono pervadere tutte le organizzazioni di una comunità, come parte integrante del percorso di evoluzione e cambiamento adattogeno.

In che modo lo stress contribuisce all'invecchiamento?

Il fenomeno infiammatorio di basso grado conseguente allo stress cronico determina diverse manifestazioni cutanee, di postura e in generale di invecchiamento precoce.

Possono manifestarsi alcuni segni visibili, quali macchie sul viso ed eruzioni cutanee per squilibri ormonali, carnagione pallida per la diminuzione del flusso del sangue, oltre a sintomi come mal di testa, male alle spalle, collo irrigidito, mascella che si restringe, dolori alle gambe e alle braccia.

A livello cellulare, nel DNA di ogni cellula sono presenti, alle estremità di ogni cromosoma, delle sequenze ripetute denominate "telomeri". Nelle cellule somatiche, a ogni replicazione cellulare, le sequenze ripetute più distali non vengono sintetizzate. I telomeri, pertanto, risultano più corti dopo ogni divisione cellulare, sino al punto in cui un'ulteriore divisione renderebbe il cromosoma non più funzionale e pertanto la cellula va in senescenza. Generalmente, quindi, le persone anziane hanno telomeri più corti nelle cellule somatiche rispetto ai giovani.

Nel 2004 il gruppo di Epel, analizzando un campione di 58 donne, ha dimostrato che lo stress cronico è correlato in modo significativo a una lunghezza dei telomeri inferiore nelle cellule mononucleate del sangue periferico: le donne esposte a stress cronico hanno una lunghezza dei telomeri pari alle donne di dieci anni più anziane [Epel, 2004].

Il lavoro di Cherkas e colleghi del 2008 ha confrontato la lunghezza dei telomeri dei leucociti in più di 2.000 volontari, rilevando che, tra i fattori che determinano un più rapido accorciamento dei telomeri, vi sono il tabagismo, l'obesità, il basso livello socio-economico e la sedentarietà [Cherkas, 2008].

Nello stesso campione è stato possibile confrontare un sottogruppo di coppie di gemelli che differivano tra loro per lo svolgimento o meno di un'attività fisica: la differenza nella lunghezza dei telomeri all'interno delle coppie si è mantenuta significativa. Tale effetto potrebbe dipendere dal fatto che l'attività fisica contribuisce a diminuire lo stress. Il rapido accorciamento dei telomeri nelle persone sedentarie è probabilmente mediato da livelli maggiori di stress ossidativo e infiammazione.

Lo stress cronico determina anche l'attivazione dell'ormone catabolico per eccellenza: il cortisolo. Esso causa l'immissione in circolo di sostanze energetiche per far fronte all'aumentata richiesta da parte dell'organismo. La componente corporea che contiene le riserve energetiche maggiori è il muscolo: nel caso in cui esse scarseggino, la richiesta di zuccheri e proteine induce l'attacco del tessuto connettivo che sostiene il corpo e il muscolo stesso. Questa situazione fa crollare l'impalcatura connettivale del corpo e determina rughe e cedimenti. Dolori e rigidità accompagnano questo fenomeno, rendendo la postura meno flessuosa e dinamica.

In quale modo lo stress deprime il sistema immunitario?

Esiste una relazione tra stress psicologico e parametri del sistema immunitario.

Come messo in luce dal neuroscienziato Robert Sapolsky nel suo libro "Perché alle zebre non viene l'ulcera?", quando una zebra viene attaccata da un leone, e quindi quando c'è in gioco la vita, l'organismo viene sottoposto a una condizione di stress che dura qualche minuto [Sapolsky, 2014]. In questo lasso di tempo molte funzioni regolari possono essere interrotte e una serie di risposte può essere attivata allo scopo di aumentare le probabilità di sopravvivenza: riduzione della percezione del dolore, cessazione dell'ovulazione, aumento della coagulazione, attivazione del sistema immunitario, incremento dell'attività percettiva del cervello, ecc.

L'essere umano attiva le stesse risorse non solo se viene attaccato da un predatore, ma anche in presenza di stimoli di natura culturale, che lo inducono a essere ansioso, nevrotico, ostile e paranoico. Se questo accade, lo stress può diventare cronico e sopprimere il sistema immunitario anziché stimolarlo, incrementando l'ansia, accelerando l'invecchiamento del cervello e influenzando negativamente l'intero metabolismo.

Uno studio statunitense ha rilevato che tipologie diverse di *stressor* (essenzialmente in termini di durata) sono correlate a risposte diverse da parte del sistema immunitario [Segerstrom, 2004]. In particolare:

- *stressor* acuti (della durata di alcuni minuti) correlano con l'*upregulation* di alcuni parametri dell'immunità naturale e la *downregulation* di alcune funzioni dell'immunità specifica;
- *stressor* di breve durata (della durata di alcune settimane) sono correlati alla soppressione dell'immunità cellulare;
- *stressor* cronici (stabili nel tempo, ineliminabili o eliminabili secondo tempistiche non prevedibili) sono associati alla soppressione dell'immunità cellulare e di quella umorale.

In che modo lo stress incide sul sonno e viceversa?

All'inizio del sonno, l'attività dell'asse dello stress (asse HPA) viene soppressa, mentre, nell'ultima parte del sonno, l'attività secretoria dell'HPA aumenta in modo da avvicinarsi al ciclo diurno.

In caso di desincronizzazione tra il ciclo sonno-veglia e il ritmo circadiano, che si verifica ad esempio nel lavoro che prevede turni di notte o nel caso del jet lag, possono insorgere disturbi del sonno che vanno a incidere sui meccanismi di rigenerazione notturna [Lack, 2007].

Il picco massimo del cortisolo deve manifestarsi subito dopo il risveglio (acrofase), pertanto l'aumento dell'ormone adrenocorticotropo (ACTH) al mattino è il fattore di controllo decisivo che regola la fine del sonno [Weibel, 1995], mentre alla sera la fisiologia esige il picco minimo del cortisolo (batifase) per favorire l'addormentamento. Il fatto che l'inizio e la fine del sonno coinvolgano l'attività dell'asse HPA e la stretta relazione temporale tra l'asse e il sonno fornisce elementi importanti per stimare gli effetti dello stress sul sonno. L'esposizione serale protratta alla luce dei cellulari e dei dispositivi elettronici in generale, inclusa la televisione, vanno a contrastare la circadianità e si sommano agli stimoli stressanti psicologici che spesso inducono il rimuginare a fine giornata. Il risultato è l'iperattivazione dell'asse HPA invece della sua disattivazione.

Si descrivono stati di interruzione del sonno in persone che stanno divorziando [Cartwright, 1991], con diminuzione delle onde delta nel sonno. Anche lo stress da carriera è collegato alla privazione del sonno [Kageyama, 1998].

I fattori che sembrano svolgere un ruolo importante nei risvegli notturni stress-correlati e nei cambiamenti del sonno includono vari neurotrasmettitori tra cui l'ipocretina, il fattore di rilascio di corticotropina e la prolattina. Oltre alle regioni del cervello direttamente coinvolte nella risposta allo stress come l'ipotalamo, il *locus coeruleus* e l'amigdala, gli effetti differenziali della controllabilità dello stress sul comportamento e sul sonno possono essere mediati dalla corteccia prefrontale mediale. Queste varie regioni del cervello interagiscono e si influenzano a vicenda e a loro volta influenzano l'attività dei centri di controllo del sonno-veglia nel cervello. Inoltre, tali regioni svolgono ruoli significativi nei processi di memoria e partecipano al modo in cui i ricordi stressanti possono influenzare l'eccitazione e il sonno. Infine, i cambiamenti indotti dallo stress nell'architettura del sonno possono influenzare i processi di plasticità neuronale legati al sonno e quindi contribuire alla disfunzione cognitiva e ai disturbi psichiatrici [Sanford, 2015].

La deprivazione cronica del sonno in giovani volontari sani aumenta l'appetito e il dispendio energetico, aumenta i livelli di citochine proinfiammatorie, diminuisce il tono parasimpatico e aumenta il tono simpatico, aumenta la pressione sanguigna, aumenta i livelli di cortisolo serale, aumenta l'insulina e il glucosio nel sangue [McEwen, 2006]. Lo stress ripetuto nei modelli animali incide sul rimodellamento strutturale delle regioni cerebrali coinvolte nella memoria e nelle emozioni, come l'ippocampo, l'amigdala e la corteccia prefrontale, compromettendo i livelli di memoria e aumentando ansia e aggressività [McEwen, 2006].

Il sonno in definitiva è una componente molto importante dell'omeostasi umana, la privazione del sonno è un fattore di stress cronico e il carico allostatico che ne deriva può contribuire a problemi cognitivi, che possono, a loro volta, esacerbare ulteriormente le vie che portano allo sviluppo di condizioni patologiche.

Qual è il rapporto fra stress e alimentazione?

L'attivazione cronica dell'asse dello stress (ipotalamo-ipofisi-surrene) può alterare il metabolismo del glucosio, promuovere la resistenza all'insulina, influenzare gli ormoni correlati all'appetito (leptina e grelina) e i neuropeptidi ipotalamici [Adam, 2007]. La noradrenalina e il CRH possono sopprimere l'appetito durante lo stress acuto, mentre il cortisolo può stimolare l'appetito durante il recupero dallo stress [Takeda, 2004]. Uno stato di stress prolungato, inducendo la secrezione di ormoni glucocorticoidi (GC), può favorire la deposizione di grasso addominale [Dallman, 2005]. Inoltre, coloro che sono sotto stress cronico tendono a mangiare di più in condizioni di stress acuto e mostrano una preferenza per il consumo di alimenti molto saporiti ad alta densità di zuccheri e grassi [Warne, 2009].

Eventi stressanti durante la prima infanzia, come la separazione dalla madre, sembrano attivare, nei ratti da esperimento, risposte croniche allo stress. Una dieta ad alto contenuto di grassi risulta normalizzare gli effetti della separazione materna prolungata, riducendo l'ansia e i comportamenti depressivi, aumentando il corticosterone, il CRF ipotalamico e l'espressione del recettore ippocampale per i glucocorticoidi [Maniam, 2010].

Lo stress cronico è spesso accompagnato da ansia, depressione, rabbia, apatia e alienazione. Gli stimoli minacciosi e cognitivamente significativi attivano il sistema nervoso emozionale che, in parte, determina le reazioni comportamentali tipiche della risposta *fight or flight*. Date le proprietà gratificanti del cibo, si ipotizza che i cibi iperpalatabili agiscano come *comfort food*, una forma di automedicazione per dissipare l'angoscia indesiderata (v. domanda 40). Gli individui affetti da stati affettivi negativi hanno dimostrato di favorire il consumo di cibi ad alto contenuto di zuccheri e/o grassi, mentre in situazioni emozionali di gioia sono favoriti cibi meno appetibili, come la frutta secca [Garg, 2007]. A seguito dell'esposizione a stimoli stressanti, le persone che mostrano una reazione emozionale molto negativa e una maggiore reattività del cortisolo consumano più cibo con alto contenuto di zuccheri e di grassi [Rutters, 2009].

Ricerche sia sugli animali sia negli esseri umani hanno dimostrato come il cibo influenzi direttamente i neurotrasmettitori cerebrali ed eserciti un impatto sulla struttura chimica e sulla fisiologia del cervello. Il cambiamento d'umore sotto stress può influenzare le scelte alimentari e l'aspettativa sull'effetto di certi cibi può influenzare le credenze [Rogers, 1994]. Per esempio è noto l'effetto piacevole e di riduzione della tensione esercitato dal cioccolato. Esso contiene in particolare una sostanza chimica psicoattiva, l'anandamide, che stimola il buonumore a livello cerebrale

[Cartwright, 2007]. Gli acidi grassi omega-3, contribuendo alla fluidità della membrana cellulare, giocano un ruolo importante nello sviluppo delle funzioni cerebrali e possono influenzare i comportamenti e la gestione del controllo [Stahl, 2008]. La tiamina (vitamina B1), il ferro e l'acido folico hanno un ruolo importante nelle emozioni. I cibi che contengono tiamina aumentano i livelli di benessere, energia e socievolezza [Benton, 1997].

Il ruolo del terapeuta è quello di capire le ragioni emotive alla base dell'attacco stressogeno che il paziente sta vivendo, sostenere le sue competenze e guidarlo verso un'alimentazione funzionale alla sua capacità di resilienza (v. domanda 29).

Perché lo stress aumenta
o diminuisce la fame?

A breve termine, lo stress può spegnere l'appetito. Infatti l'ipotalamo, in presenza di uno stimolo stressante, produce CRH, un ormone che rilascia corticotropina, che sopprime l'appetito. Il cervello invia anche messaggi alle ghiandole surrenali per indurre la produzione dell'adrenalina, che aiuta a scatenare la risposta *fight or flight*, che temporaneamente tiene in sospeso il meccanismo della fame e della nutrizione.

Tuttavia, se lo stress persiste, le ghiandole surrenali rilasciano il cortisolo, che aumenta l'appetito e può anche aumentare la motivazione in generale, inclusa la motivazione a mangiare. Conclusosi l'episodio stressante, i livelli di cortisolo dovrebbero diminuire. Se lo stimolo stressante persiste – o se la risposta allo stress di una persona rimane bloccata in posizione attiva – il cortisolo può rimanere elevato a lungo. La persistenza dello stimolo rende necessaria l'immissione in circolo di energia in modo costante, allo scopo di ripristinare l'equilibrio perduto. Tale rifornimento di energia è garantito dal cortisolo, che è un ormone catabolico [Harvard Health Publishing, 2012].

La cascata di reazioni che liberano energia determina l'innalzamento della glicemia e di conseguenza l'iperstimolazione dell'insulina deputata a regolare la glicemia nel sangue. Se si continua a mangiare per far fronte agli sbalzi glicemici, si innesca un circolo vizioso che può portare nel tempo alla resistenza all'insulina [Wang, 2001].

Se viene prescritta una dieta alimentare senza tenere in considerazione l'effetto stressogeno che essa rappresenta nel carico allostatico del paziente, essa può essere vissuta come privativa e quindi può costituire un ulteriore *stressor*. Se la dieta è restrittiva dal punto di vista energetico, il metabolismo rallenta e fa aumentare di peso pur in presenza di un apporto calorico ridotto: si tratta del metabolismo risparmiatore o *thrifty* [Straub, 2015].

In tal caso il terapeuta dovrà fare attenzione al rischio di frustrazione e al potenziale fallimento del programma nutrizionale. È fondamentale aiutare il paziente a conoscere se stesso, i propri scopi, i propri ritmi e a essere consapevole dei propri limiti, riposando e ricompensandosi per ridurre lo stress in modo naturale. La prescrizione di una dieta dovrebbe tenere conto anche delle caratteristiche psicologiche del paziente per evitare l'effetto paradosso della privazione calorica e dell'aumento di peso.

Come reagisce l'apparato intestinale in caso di stress?

L'esposizione allo stress (specialmente cronico) è un importante fattore di rischio nella patogenesi di diverse malattie del tratto gastrointestinale, tra cui la malattia da reflusso gastroesofageo (GERD), l'ulcera peptica, la dispepsia funzionale, la malattia infiammatoria intestinale (IBD) e la sindrome dell'intestino irritabile (IBS).

La disregolazione dell'asse intestino-cervello svolge un ruolo centrale nella patogenesi delle malattie indotte da stress: lo stress aumenta la permeabilità intestinale e la sensibilità viscerale, altera la motilità gastrointestinale e conduce all'attivazione dei mastociti con conseguente rilascio di molti mediatori proinfiammatori [Konturek, 2011].

Negli ultimi decenni è stato chiarito il ruolo essenziale del microbiota intestinale in quanto regolatore principale dell'asse intestino-cervello. Esso è costituito da molti microorganismi (10 volte tanto il numero di cellule del corpo umano), principalmente batteri, ma anche lieviti, parassiti, virus e protozoi [Lankelma, 2015; Scarpellini, 2015]. Il microbiota è un attore chiave nel controllo dell'asse intestino-cervello, specialmente durante le condizioni di stress provocate da una sfida all'omeostasi reale o percepita, e la dieta è uno dei più importanti fattori in grado di modificare le relazioni in questo asse. Inoltre, secondo recenti ricerche, il microbiota intestinale presente nella prima infanzia gioca un ruolo fondamentale per la salute nella vita adulta. I risultati degli studi preclinici indicano che le alterazioni della composizione microbica dovute a un'esposizione precoce agli antibiotici, alla mancanza di allattamento al seno, al parto con taglio cesareo, a infezione, all'esposizione a stress e ad altre influenze ambientali – insieme all'influenza della genetica dell'ospite – possono portare alla modulazione a lungo termine della fisiologia e del comportamento legati allo stress [Foster, 2017].

L'asse intestino-cervello esercita un sostanziale impatto fisiologico su umore, comportamento e reattività allo stress. L'esposizione acuta e cronica allo stress può alterare la qualità e la quantità di calorie consumate e, a loro volta, l'assunzione di cibo e l'equilibrio energetico possono interagire con lo stato emotivo [Epel, 2001].

Che cos'è l'epigenetica e in che modo è influenzata dallo stress?

Conrad Waddington introdusse il termine "epigenetica" nei primi anni Quaranta [Waddington, 1940]. La definì come «la branca della biologia che studia le interazioni causali tra i geni e i loro prodotti che portano in essere il fenotipo». Nel senso originale di questa definizione, l'epigenetica si riferisce a tutti i percorsi molecolari che modulano l'espressione di un genotipo in un particolare fenotipo [Dupont, 2009].

È stato dimostrato che le influenze dell'ambiente, compreso lo stile di vita, il nutrimento, lo stress e le emozioni, possono modificare l'espressione genica senza variare la struttura portante, cioè la sequenza nucleotidica contenuta nella doppia elica del DNA. Tali modifiche possono essere ereditate dalla progenie esattamente come la doppia elica del DNA. L'insieme di queste modifiche, operate da proteine regolatrici che controllano l'attività dei geni in base alle informazioni ricevute dall'ambiente, costituisce l'epigenetica [Portela, 2010]. Il flusso delle informazioni è bidirezionale perché deve essere funzionale alla ricerca continua di adattamento dell'organismo all'ambiente di vita.

I meccanismi epigenetici forniscono una strategia dinamica per modificare l'espressione dei geni e sono sempre più al centro degli studi che esaminano i percorsi biologici attraverso i quali le esperienze della prima infanzia esercitano effetti a lungo termine sull'espressione genica [Curley, 2011]. Attraverso le specie, è evidente che gli effetti epigenetici possono essere indotti da una varietà di esperienze, compresa la qualità delle interazioni sociali e l'esposizione a fattori di stress. Inoltre, in alcuni casi, questi effetti sullo sviluppo possono essere trasmessi attraverso le generazioni, portando a variazioni neurobiologiche e comportamentali nella prole e nella progenie [Champagne, 2008; Franklin, 2010].

Lo studio dei meccanismi epigenetici nel contesto degli effetti dell'esperienza sociale e dei fattori di stress ha fornito un supporto crescente all'ipotesi che le modifiche all'espressione genica osservate come conseguenza di queste esperienze possano coinvolgere percorsi epigenetici [Champagne, 2010]. In particolare, sono state osservate variazioni nella metilazione del DNA e modificazioni degli istoni nella prole esposta a stress prenatale, interruzione delle interazioni madre-bambino e variazione nella cura materna. Questi meccanismi possono spiegare gli effetti degli ambienti sociali sullo sviluppo di bambini e giovani [Gudsnuk, 2012].

II. Come risolvere lo stress

Nessuno è libero se non è padrone di se stesso.
Epittèto

Quali strategie vengono generalmente adottate per gestire lo stress?

Il modo in cui ci si comporta per fronteggiare gli eventi della vita è fortemente legato alla valutazione cognitiva che si fa di essi. A seconda del filtro che si applica per interpretare la realtà, in base al vissuto emozionale e all'ambiente in cui si è cresciuti, alle caratteristiche di personalità e alle capacità di adattamento, oltre ai fattori ambientali concomitanti, si attuano differenti modalità di *coping,* cioè strategie comportamentali e cognitive utili a gestire e mediare richieste ambientali e bisogni interni.

Le funzioni del *coping* che favoriscono l'adattamento dell'individuo all'ambiente e alla propria autoregolazione sono improntate all'evitamento dello *stressor* o al fronteggiamento [Skinner, 2007]. L'evitamento comporta l'elaborazione delle informazioni allo scopo di evitare quelle percepite come minacciose utilizzando strategie come la distrazione, il diniego, la soppressione o la reinterpretazione. Il fronteggiamento è più attivo, è incentrato sul problema ed è associato a una maggiore attenzione per la salute.

Ellen Skinner della Portland University riassume in una tabella [Skinner, 2007] le principali strategie per raggiungere l'adattamento a fronte di uno *stressor.*

Strategia	Descrizione della strategia
Risoluzione del problema	Avere una strategia che permetta di risolvere il problema
Ricerca di informazioni	Leggere, osservare, chiedere ad altri per cercare di risolvere il problema
Ricerca di supporto sociale	Orientarsi verso gli altri per trovare conforto e condivisione
Distrazione	Minimizzare, distogliere l'attenzione da ciò che è percepito come disturbante
Evitamento	Evitamento cognitivo, evitamento comportamentale, negazione, pensiero desiderante
Ristrutturazione cognitiva positiva	Regolazione emozionale, regolazione comportamentale, espressione emozionale, approccio emozionale
Ricerca di sostegno	Ricerca di contatto, conforto, aiuto strumentale e aiuto spirituale
Delega	Ricerca di aiuto non costruttiva, denuncia, lamento, autocolpevolizzazione
Isolamento	Isolamento sociale, occultamento, evitamento degli altri
Negoziazione	Contrattazione, persuasione, stesura di priorità
Sottomissione	Rimuginamento, perseverazione rigida, pensieri intrusivi
Opposizione	Colpevolizzazione degli altri, proiezione, aggressione

Principali strategie di adattamento a fronte di uno *stressor.* Modificata da [Skinner, 2007]

Come ci si difende dal dolore?

Il dolore è una componente necessaria della fisiologia umana. Sotto stress e in particolari situazioni psicologiche, la sua percezione subisce notevoli variazioni. Il modello ideato da Howard Fields afferma che l'analgesia in caso di dolore può essere l'evitamento di una minaccia più grande del dolore o l'anticipazione della ricompensa [Fields, 2007]. Di fronte alla minaccia, come quella di un predatore, assistere alla situazione pericolosa ha la precedenza sulla cura del dolore, quindi prevale l'analgesia.

Un ruolo importante viene svolto dalle β-endorfine, sintetizzate principalmente dall'ipofisi in risposta a fattori di stress fisiologici come il dolore. Funzionano attraverso vari meccanismi nel sistema nervoso centrale e periferico per alleviare il dolore quando sono legati ai recettori μ-oppioidi [Sprouse-Blum, 2010]. Allo stesso modo, la motivazione alla ricompensa può attenuare la sensazione di dolore, con conseguente analgesia. Il dolore è modulato da vari fattori, tra cui le emozioni come l'amore [Tamam, 2017].

La International Association for the Study of Pain definisce il dolore come «una spiacevole esperienza sensoriale ed emotiva associata a danno reale o potenziale, o descritta in termini di tale danno» [Merskey, 1994]. Quindi il dolore è parzialmente un'esperienza emotiva, e la corrispondenza tra dolore e danni fisici è variabile. Sebbene questi due punti siano ampiamente riconosciuti dagli esperti nella ricerca e nella pratica del dolore, non sono ancora pienamente apprezzati in contesti di pratica più generale, in cui il dolore è spesso trattato come un'esperienza puramente sensoriale che riflette il danno tissutale sottostante. Di conseguenza, permangono notevoli divari tra la nostra comprensione del dolore persistente e le modalità con cui molti pazienti vengono valutati e trattati [Lumley, 2011].

La difesa dal dolore si attua evitando la situazione che lo ha generato e manifestando prudenza nelle scelte da compiere se non ci sono elementi rassicuranti sull'esito dell'impresa da affrontare. Nell'ippocampo, sede della memoria, vittorie e sconfitte sono inserite in una sorta di traccia di registrazione. Ogni volta che uno stimolo emozionale, attraverso il filtro dell'amigdala, evoca una reazione, i circuiti sinaptici portano lo stimolo alla memoria e l'ippocampo per incrociare eventuali dati su esperienze simili ed elaborare al più presto la miglior reazione. Se il paziente è sofferente per un carico da stress troppo alto e pochi successi in memoria, è importante aiutare il paziente a riposare per recuperare un buon livello di energia e pianificare successivamente un percorso per fargli riconoscere i suoi punti di forza.

Per uscire dal dolore cronico spesso sono utili le *life skills* (v. domanda 27), abilità di vita riguardanti la sfera personale e sociale che servono a relazionarsi con il mondo e a vivere con un atteggiamento positivo (es. pensiero critico, empatia, gestione dello stress, ecc.).

Il terapeuta che crede nella possibilità di trasferire competenze e autonomia al paziente dovrà essere un buon testimonial di comunicazione efficace, empatia, gestione delle emozioni e dello stress per guidare nel modo migliore il paziente alla riappropriazione del proprio "territorio", nel quale si possa sentire al sicuro. Inoltre saprà far recuperare il desiderio di cercare uno scopo: che si tratti di un partner, di una missione esistenziale o dell'amore per un ideale, esso costituirà una forza importante per affrontare il dolore e coadiuvare le terapie specifiche.

Come si può migliorare
la gestione del dolore?

Secondo Fields, rispetto a un dolore possibile, ogni cosa che è potenzialmente più importante per la sopravvivenza esercita un effetto antidolorifico [Fields, 2007] (v. domanda 25).

Pertanto, avere a disposizione una lista di cose piacevoli da mettere in atto in caso di dolore è molto importante. Purtroppo la società abitua gli individui a ottenere piacere solo da cose dannose e costose come l'eccesso di cibo o l'assunzione di droghe. In effetti le sostanze oppiacee sia esogene (droghe) sia endogene agiscono su questo sistema per produrre un effetto analgesico, sia che si tratti di azione farmacologica che di effetto placebo. Il segreto consiste nell'allenare l'organismo al rilascio di oppioidi endogeni, in modo che il dolore possa essere ridotto da odori, immagini piacevoli, musica, cibo gustoso non processato (per "cibo processato" si intende quello di origine industriale, confezionato, con una data di scadenza molto protratta nel tempo), attività fisica adeguata e rapporti sessuali appaganti.

Le scienze hanno dimostrato [Esch, 2010] la possibilità di produzione endogena di tali ricompense, con il risparmio della loro tossicità: si otterrebbero in questo modo brevi pause di piacere tra uno stress e l'altro. Questa ciclicità corrisponderebbe al fatto che la felicità non è un fine ma un mezzo e, in quanto tale non è stabilizzabile in un "nirvana" costante, perché non assolverebbe alla sua funzione di recupero energetico per promuovere nuove avventure, ma procurerebbe stasi e pigrizia.

I terapeuti dovrebbero trasmettere ai pazienti il concetto che il sistema per permettere a un individuo di mantenersi sano si basa sul meccanismo della ciclicità tra il costruire e il distruggere. Costruire significa anche produrre detriti, errori, scorie. Distruggere significa pulire, eliminare gli errori, perdonarli nell'ottica di un apprendimento attivo che non può prescindere da essi.

Che cosa sono le *life skills* e in che misura incidono sulla gestione dello stress?

L'Organizzazione Mondiale della Sanità (OMS) ha definito le *"life skills"* come «l'insieme di abilità personali e relazionali che servono per governare i rapporti con il resto del mondo e per affrontare positivamente la vita quotidiana» [World Health Organization, 1997]. L'OMS ha stilato appositi documenti [World Health Organization, 1994; World Health Organization, 1997; World Health Organization, 1999] dedicati all'educazione in un contesto scolastico e adattabili a qualsiasi programma di comunità che sia destinato al benessere dei giovani. La loro applicazione è raccomandata nel programma di salute mentale dell'OMS. Fino alle scoperte di Daniel Goleman, le *life skills* erano considerate caratteristiche apprese in famiglia o con gli amici per un naturale flusso di continuità generazionale [Goleman, 2011].

In caso di apprendimento delle *life skills*, si è scoperto che la plasticità cerebrale consente di continuare ad acquisirle per tutto l'arco della vita. Purtroppo è frequente che una catena generazionale di comportamenti sbagliati si perpetui in ambito familiare con stili anaffettivi e sollecitazioni traumatiche che fanno proliferare relazioni disfunzionali.

Lo sviluppo individuale e la capacità di scegliere correttamente a proprio vantaggio non possono prescindere dall'acquisizione delle *life skills*.

Le abilità utili in tal senso sono innumerevoli. Pertanto la natura e la definizione delle *life skills* cambia molto in base alle diverse culture e ai contesti. L'analisi dei settori in cui esse sono applicabili con successo suggerisce un set di abilità di base che risultano essere il cuore delle iniziative volte a promuovere la salute e il benessere di bambini e adolescenti.

Secondo l'OMS, le *life skills* sono:

- capacità di prendere decisioni (*decision making*);
- capacità di risolvere i problemi (*problem solving*);
- pensiero creativo (*creative thinking*);
- pensiero critico (*critical thinking*);
- comunicazione efficace (*effective communication*);
- abilità nelle relazioni interpersonali (*interpersonal relationship skills*);
- autoconsapevolezza (*self-awareness*);
- empatia (*empathy*);
- gestione delle emozioni (*coping with emotions*);
- gestione dello stress (*coping with stress*).

In alcune scuole sono stati adottati programmi di sviluppo delle *life skills* che si sono dimostrati efficaci [Srikala, 2010]. Inoltre l'educazione basata sulle *life skills*, se preceduta da una valutazione dei bisogni (effettuata avvalendosi di report esistenti e statistiche), può essere utilizzata per prevenire problemi specifici, legati al benessere mentale e ai comportamenti, tra cui:

- uso e abuso di sostanze psicotrope;
- infezione da HIV;
- gravidanza in età scolare;
- suicidio;
- disordini psichiatrici e problemi psicologici;
- violenza a scuola.

Che cos'è la *Mind-Body Medicine?*

La *Mind-Body Medicine* (medicina mente-corpo) è un approccio medico che mette in luce il potere di guarigione insito in ogni individuo che sia in grado di attivare un percorso di consapevolezza. È molto vicino al concetto di *self-empowerment* utilizzato nella promozione della salute. Ma, mentre in questa disciplina sono privilegiati gli studi di sanità pubblica sull'efficacia delle reti organizzative deputate all'orientamento della comunità verso scelte salutari, la *Mind-Body Medicine* punta sullo studio della rete interna all'organismo finalizzata allo stesso scopo. Nello specifico, la *Mind-Body Medicine* studia i meccanismi con cui i comportamenti sono collegati agli stili di vita e impattano sulla resilienza fisiologica dell'organismo.

L'idea che le interazioni tra mente e corpo influenzino la salute fisica esiste fin dai tempi antichi [Sternberg, 2001]. Negli ultimi decenni, tuttavia, sono stati avanzati modelli moderni riguardanti i meccanismi cerebrali e i substrati coinvolti nell'integrazione dei segnali dal corpo con stati psicologici, come umore, emozione e stress. Questi modelli si sono generalmente concentrati su meccanismi specifici, ad esempio l'inibizione del sistema nervoso simpatico (risposta *fight or flight*) o l'attivazione del sistema parasimpatico, in particolare attraverso il nervo vago, e hanno postulato effetti sulle regioni cerebrali che controllano o rispondono all'attività dei nervi periferici.

Il Benson-Henry Institute for Mind Body Medicine del Massachusetts General Hospital di Boston è fra i più importanti centri di ricerca al mondo su questo tema [Benson-Henry Institute for Mind Body Medicine at Massachusetts General Hospital, 2018a]. È stato fondato dal cardiologo Herbert Benson, che, dopo anni di studi dedicati alla meditazione e allo stress, nel 1975 ha scoperto il meccanismo della *relaxation response* (risposta di rilassamento) come naturale reazione alla risposta evocata dallo stress [Benson, 2000] (v. domanda 36). Il Professor Benson ha avuto la grande intuizione di capire che tutte le tradizioni religiose e le pratiche meditative fanno riferimento a questo meccanismo innato negli esseri viventi. In parallelo, il suo collega Jon Kabat-Zinn ha avuto l'intuizione di sceglierne una, la meditazione buddhista vipassana, e di creare un adattamento molto apprezzato nella società occidentale denominato *mindfulness* [Kabat-Zinn, 2005] (v. domanda 38). Il modello della *relaxation response* di Benson è un quadro teorico influente e ampiamente citato nella *Mind-Body Medicine* [Benson, 1983]. Poiché l'aumento dell'eccitazione da stress emotivo fa comparire e aumentare sintomi fisici di malessere ed esacerba le condizioni cliniche, Benson ha suggerito che le terapie mente-corpo esercitino effetti terapeutici molto significativi in diverse condizioni patologiche, suscitando una risposta intrinseca anti-stress che include una diminuzione dell'attivazione corticale simpatica e cerebrale [Benson, 2000].

Che cos'è la resilienza?

La resilienza è la «proprietà dei materiali di resistere agli urti senza spezzarsi» [AA.VV., 2017a].

A livello psicologico, la resilienza è la capacità di superare in modo adattivo lo stress e le avversità mantenendo al contempo il normale funzionamento psicologico e fisico [Russo, 2012; Rutter, 2012; Southwick, 2012]. Ogni individuo sperimenta eventi stressanti e la maggior parte delle persone è esposta a un trauma a un certo punto della vita. In psicologia si definisce resiliente una persona che, nonostante le condizioni avverse della vita, riesce non solo a superarle con successo, ma a crescere positivamente a seguito di esse. Pertanto, comprendere come sia possibile sviluppare e migliorare la resilienza è di grande importanza non solo per promuovere meccanismi di *coping*, ma anche per mitigare il *coping* maladattivo e la risposta allo stress in malattie psichiatriche come la depressione e il disturbo post-traumatico da stress (PTSD).

Uno studio del 2006 ha incrociato le dimensioni della resilienza che dipendono dai tratti della personalità, dagli stili di reazione allo stress e dalla presenza di sintomi psichiatrici, analizzando un campione di studenti delle scuole superiori [Campbell-Sills, 2006]. I ricercatori hanno misurato questi aspetti con diversi strumenti tra cui la scala della resilienza [Connor, 2003], che mette in relazione la resilienza con le dimensioni della personalità e le modalità di reazione allo stress. I soggetti che mettevano in atto stili di reazione allo stress prevalentemente emozionali erano associati a una minor resilienza, al contrario di quelli con uno stile definito "situazionale", orientato all'azione.

Benson dichiara: «Lo stress è la causa principale delle visite mediche negli USA; se vogliamo preparare i nostri ragazzi ad affrontare il XXI secolo, dobbiamo insegnare loro le abilità per affrontare lo stress e promuovere il benessere fisico ed emozionale. Le abilità legate alla resilienza sono importanti per i bambini e gli adolescenti al pari delle altre abilità che imparano a scuola, poiché si tratta di capacità di cui avranno bisogno per affrontare tutti gli aspetti della loro vita» [Benson-Henry Institute for Mind Body Medicine at Massachusetts General Hospital, 2018b].

La resilienza diminuisce in presenza di nevrosi e aumenta con l'aumentare dell'estroversione e della consapevolezza. Il Benson-Henry Institute for Mind Body Medicine del Massachusetts General Hospital di Boston indica le capacità delle persone resilienti [Benson, 2000]:

- saper raggiungere obiettivi e sentirsi bravi a farlo;
- avere alti scopi e sentirsi forti;

- essere fiduciosi nel successo, ma capaci di chiedere aiuto in caso di bisogno;
- vedere il lato umoristico delle cose;
- seguire un'alimentazione sana;
- essere intraprendenti e al tempo stesso intuitivi, originali e razionali;
- praticare giornalmente sia una certa quota di esercizio fisico, sia la *relaxation response*.

La *relaxation response* (v. domanda 36) può essere attivata secondo i principi elaborati dal Professor Benson oppure ricorrendo a pratiche come la meditazione (v. domanda 37) e la *mindfulness* [Kabat-Zinn, 2014] (v. domanda 38).

Come si valuta la resilienza di un individuo o di un gruppo?

Tra i numerosi metodi disponibili in letteratura per valutare la resilienza [Wagnild, 2009; Connor, 2003], si propone di seguito un modello semplificato, usato nei setting sanitari e finalizzato all'*empowerment* multidimensionale (autovalutazione dal punto di vista sia organizzativo sia individuale) e al miglioramento continuo della qualità nella promozione della salute [The International Network of Health Promoting Hospitals and Health Services, 2018]. La stella a 5 punte, opportunamente disposte secondo lo schema riportato in figura, costituisce la "stella della resilienza per il benessere organizzativo" [Aguzzoli, 2013; Aguzzoli, 2014]. Lo schema è stato adattato per favorire l'autovalutazione della resilienza in stretta correlazione con le prassi previste dal Decreto Legislativo 9 aprile 2008, n. 81 per la valutazione dello stress lavoro-correlato.

La stella della resilienza, che illustra le cinque punte utili all'autovalutazione dello stress lavoro-correlato. Modificato da [Aguzzoli, 2013]

La stella della resilienza rappresenta uno strumento di rapida autovalutazione ed è utilizzata per favorire piani di miglioramento sui fattori di protezione nell'ambito delle strategie "Promozione di un posto di lavoro sano". Lo schema funziona sia a livello individuale sia di gruppo, oltre a consentire una verifica dal punto di vista del *management*. Permette inoltre di monitorare le strategie attivate al fine di incrociare i dati con la gestione di rischi stress-correlati e di effettuare un controllo flessibile sulle dimensioni che comportano un maggior grado di autonomia e benessere organizzativo e personale. L'aumento di resilienza produce una diminuzione proporzionale del rischio di stress. Sia gli individui sia le organizzazioni tendono a cercare per natura l'equilibrio (omeostasi): quindi, a fronte di un aumento della forza di sopportazione, anche i rischi fisiologicamente legati al cambiamento possono essere tenuti sotto controllo.

Che cos'è l'*audit* della personalità?

Audit è un termine inglese che indica il controllo, la verifica. L'*audit* della personalità è un'analisi della personalità funzionale alla fotografia dell'esistente e all'elaborazione di piani di miglioramento. Tra le *life skills* un ruolo fondamentale è svolto proprio dall'autoconsapevolezza, dal pensiero critico (v. domanda 27), e dalla capacità della persona di attivare meccanismi di introspezione non colpevolizzante.

La cultura della prevenzione, basata sulla paura del rischio e sulla ricerca di ciò che è sbagliato, può trasformarsi in cultura della scoperta dei fattori di protezione e dei fattori che generano occasioni di realizzazione del proprio progetto di vita.

Il counsellor o il terapeuta di fiducia dovrebbe aiutare il paziente a individuare i punti di forza e di debolezza che incidono sulla produzione della propria motivazione a stare in salute. Nella valutazione della personalità, ogni terapeuta potrà attuare la medicina personalizzata, che viene disegnata sulla persona e non sulla base di dati statistici.

Al di là dei test classici che ogni psicologo potrà usare in base al proprio approccio, si riporta una lista di domande elaborate da Igor Sibaldi per l'*audit* della personalità [Sibaldi, 2009a]. Si tratta di domande filosofiche ma molto realistiche sulle quali riflettere e far riflettere i pazienti nei momenti di cambiamento se desiderano avviare un percorso di introspezione.

Nel porre ciascuna di queste domande, dice Sibaldi, si parte dalla soluzione e non dal problema [Sibaldi, 2009a].

Per un medico di famiglia, l'ausilio nell'*audit* della personalità potrà essere fornito dalla puntuale registrazione delle informazioni già in suo possesso, dalla conoscen-

---

- Il suo Io esprime quel che sente?
- Cerca ancora approvazione dagli altri?
- Si sente ancora lontano da qualcosa?
- Vede ancora misteri nelle altre persone, o prova indifferenza per loro?
- Vuole ancora aver ragione in qualcosa?
- Ritiene ancora di dover faticare per guadagnarsi da vivere o il suo guadagno le viene da quel che fa con piacere?
- Prova rancore o bisogno di rivalsa?
- Parla ancora di se stesso in maniera diversa da quella in cui parla degli altri?
- Sente ancora di non avere sufficiente energia?
- Stenta a porsi obiettivi nuovi?
- Ha, cerca, trova ostacoli che la scoraggiano?
- E infine, per quel che riguarda la sua funzione dell'attenzione, riesce ad accorgersi di tutto ciò?

Domande utili per l'*audit* della personalità [Sibaldi, 2009a]

---

za dell'ambiente di vita e delle relazioni interpersonali (positive e problematiche) dell'assistito, allo scopo di contemplare e sostenere nel tempo il percorso di cambiamento. In questa prospettiva, il pensiero non sarà più rivolto al fattore negativo da correggere, ma piuttosto al fattore piacevole da raggiungere. Che si tratti di smettere di fumare o di perdere peso, è importante orientare chi chiede aiuto a identificare l'obiettivo per cui il cambiamento ha un senso profondo. Per esempio, invece di pensare a smettere di fumare perché dannoso per la salute, l'impegno sarà tutto rivolto a progettare che cosa fare per sviluppare la massima ossigenazione dei tessuti, la bellezza della pelle, l'alito gradevole. Se la leva su cui investire è quella giusta, il paziente potrà riorientare la sua respirazione in quanto preziosa fonte di rigenerazione invece di usarla come ingresso di sostanze tossiche.

In che modo una comunità può favorire una corretta gestione dello stress?

La salute è uno stato di benessere fisico, sociale, emotivo e psicologico il cui fine non è la stasi ma l'azione, soprattutto dal punto di vista della disciplina "promozione della salute", che evoca un movimento. La meta finale di quel movimento è il maggior livello di autonomia possibile nella realizzazione del proprio potenziale e si misura analizzando le abilità della persona nel mettere in atto le proprie capacità fisiche, cognitive ed emozionali, allo scopo di svolgere la propria funzione nella società. Ciò implica il fatto di rispondere alle esigenze quotidiane, stabilire e mantenere relazioni soddisfacenti e mature con gli altri, partecipare alle variazioni ambientali in maniera costruttiva e adattarsi alle condizioni esterne e ai conflitti interni [World Health Organization, 2004]. L'adattamento evolutivo differisce dall'adattamento passivo, in quanto entrano in gioco le politiche di una comunità che promuove la salute. Essa, seguendo una logica di rinforzo delle potenzialità evocata dal verbo "promuovere" (qualcosa di bello), si differenzia in modo fondamentale dalla logica della correzione di ciò che è carente o sbagliato, richiamata dal verbo "prevenire" (qualcosa di brutto). L'atteggiamento mentale che si evoca con le politiche di promozione della salute si basa sul mettere in grado le persone di fare qualcosa che prima non sapevano fare per raggiungere meglio i loro obiettivi di benessere. Si basa inoltre sul concetto dei setting di salute (città, scuole, ospedali e servizi sanitari che promuovono la salute) come descritti dall'Organizzazione Mondiale della Sanità.

Una comunità che gestisce bene lo stress è una comunità che interpreta il cambiamento a favore dello sviluppo della stessa, quindi attua strategie globali in cui i provvedimenti fiscali, la legislazione sociale, l'organizzazione dei servizi siano ispirati a criteri di equità, di garanzia di prodotti sani e sicuri, di rimozione degli ostacoli. Il fine è quello di migliorare gli ambienti di vita, potenziare la partecipazione da parte dei cittadini alle scelte e alle decisioni che riguardano la propria salute, sviluppare le capacità personali a partire da un'educazione alla responsabilità e alla partecipazione. In tutto questo rientra ciò che la Carta di Ottawa per la promozione della Salute [World Health Organization, 1986] sintetizza con la parola "riorientamento" dei servizi. La base di questo percorso culturale è senz'altro la formazione del personale dei diversi contesti (setting), finalizzata a integrare il modello di assistenza che, anche nella cura, privilegi i principi della promozione della salute di ogni individuo.

Che cosa è la *Lifestyle Medicine?*

La *Lifestyle Medicine* si occupa degli effetti negativi che stili di vita scorretti provocano sulla salute. L'educazione medica promossa dalla medicina dello stile di vita è un intervento necessario per consentire a tutti i professionisti impegnati nella tutela della salute di imparare a consigliare i propri pazienti in modo efficace circa l'adozione e il mantenimento di comportamenti più sani. Stili di vita errati, quali un'alimentazione inadeguata, l'inattività fisica e il tabagismo, giocano un ruolo importante nella genesi delle malattie non infettive, contribuendo ad aumentare la mortalità, la prevalenza di malattie croniche e i costi per i sistemi sanitari [Polak, 2015]. Dalla letteratura emerge l'evidenza scientifica del potere curativo per determinate patologie di un'alimentazione sana, dell'esercizio fisico e della *Mind-Body Medicine* (v. domanda 28). L'adozione di stili di vita sani è certamente costo-efficace, dato il basso livello di spesa che il rimedio comporta e l'elevato guadagno di salute che se ne ottiene.

Loef e Walach riportano i risultati di una metanalisi nella quale la combinazione di almeno 4 fattori di protezione legati agli stili di vita (tra assenza di obesità, astensione dal consumo di tabacco, astensione dal consumo di alcol, attività fisica e alimentazione sana) è risultata associata a una riduzione del rischio di mortalità per tutte le cause del 66% [Loef, 2012].

I programmi della *Lifestyle Medicine*, tra cui l'esercizio fisico, l'alimentazione, il cambiamento comportamentale e la cura di sé, sono la base dell'educazione medica. Per affrontare la sfida della patologia cronica e della riorganizzazione dei servizi sanitari in una logica di promozione della salute e di stili di vita sani è necessario interpretare la sanità pubblica integrando i modelli organizzativi più funzionali al loro riorientamento. Tra essi si evidenzia il ruolo della rete dell'OMS degli Health promoting Hospitals & Health Services, con i 5 standard di riferimento per l'implementazione di programmi strutturati nei setting sanitari e la forte embricazione con gli aspetti della formazione professionale rivolta all'*empowerment* dei professionisti e dei pazienti [Aguzzoli, 2016].

Allo scopo di promuovere la *Lifestyle Medicine* per contrastare la grande diffusione di patologie croniche determinata da errati comportamenti e dall'impatto sulla salute di ambienti non salubri, vengono promosse alcune iniziative di attuazione a livello globale, come Exercise is Medicine, nata negli USA nel 2007 e diffusasi in decine di Paesi in tutto il globo [Exercise is Medicine® (EIM), 2018], che mira a creare un'alleanza terapeutica tra pazienti affetti da patologie croniche, medici di medicina generale e personal trainer. A livello internazionale si annovera anche la True Health Initiative [True Health Initiative, 2018], una coalizione di esperti di livello mondiale che promuovono tale tipo di medicina. Allo stesso scopo, sono sorte numerose associazioni che lavorano sul tema dell'*advocacy* [World Health Organization, 1986] per incentivare il coinvolgimento del medico nella *Lifestyle Medicine* e diversi gruppi di ricerca e pratica clinica sulla *Lifestyle Medicine*, tra cui l'American College of Lifestyle Medicine [American College of Lifestyle Medicine, 2018], che ha elaborato gli standard per la prescrizione degli stili di vita nella pratica clinica e l'Institute of Lifestyle Medicine presso lo Spaulding Rehabilitation Hospital di Boston [Institute of Lifestyle Medicine, 2018]. In Italia il riferimento è l'Italian Lifestyle Medicine [Italian Lifestyle Medicine, 2018], che diffonde la strategia tramite un manuale pratico che aiuta professionisti e cittadini a cambiare abitudini per migliorare la propria salute [Maselli, 2015].

Come si può favorire l'adozione
di stili di vita sani?

La Carta di Ottawa [World Health Organization, 1986] si propone di riorientare i servizi sanitari di tutto il mondo verso la salute e non solo verso la diagnosi e la cura della malattia. La ricerca della felicità è diretta conseguenza dalla capacità di gestire i determinanti della propria salute intesa come benessere psichico, fisico, relazionale e spirituale e come realizzazione del proprio potenziale di vita e capacità di fare scelte autonome (v. domanda 99).

È quindi di fondamentale rilevanza la promozione di stili di vita sani, includendo in essi anche la percezione psicologica e sociale del proprio modo di vivere.

Una revisione che ha preso in considerazione i maggiori studi sui fattori che determinano la salute nel XXI secolo ha puntualizzato come alla base di stili di vita devianti non vi sia solo una scelta razionale, ma un forte collegamento con le condizioni sociali di vita, l'ambiente e lo stress percepito. In tale analisi, per esempio, l'obesità, considerata tra le cause principali delle malattie croniche, è considerata come "un canarino in una miniera" in quanto rappresenta un segnale di problemi di più ampia portata [Egger, 2014]. Non si tratta esclusivamente di correggere le abitudini alimentari o di incoraggiare l'attività fisica, ma di considerare le variabili psicosociali in atto nella comunità, che devono essere gestite a monte del problema, senza colpevolizzare le vittime. Spesso la funzione dei comportamenti a rischio è quella di aiutare gli individui e i gruppi a gestire le difficoltà quotidiane, procurando piacere e relax per un breve periodo. Quindi, se una persona mangia più del necessario o si muove poco o abusa di sostanze inebrianti, per aiutarla a effettuare il cambiamento bisogna analizzare la sua capacità di gestire lo stress e le emozioni, la sua abilità nel progettare degli obiettivi di interesse e la sua capacità di relazionarsi con gli altri.

Il benessere può essere raggiunto in contesti di vita favorevoli (setting), prerequisiti importanti affinché le scelte corrette possano essere praticate facilmente. L'Organizzazione Mondiale della Sanità ne identifica prioritariamente tre:

- ambienti di vita (città);
- ambienti sanitari (ospedali e servizi sanitari);
- ambienti di studio (scuole).

In ciascuno di essi è necessario che vengano acquisite informazioni, motivazioni e disciplina per poter riposare correttamente, respirare in modo calmo e ossigenante e governare le scelte sugli stili di vita senza dover ricorrere continuamente a palliativi del piacere. Occorre inoltre avere chiaro lo scopo che si dà alla propria vita.

Se le comunità rispettano questi principi creando ambienti favorevoli, il compito dei terapeuti è invitare i pazienti a scegliere tali contesti rispetto a quelli intossicanti. Non vanno trascurate le fonti di intossicazione sociale e il contagio con alti carichi emozionali negativi: le emozioni delle persone più vicine incidono sulla capacità di ripresa al pari delle dimensioni fisiche, come illustrato dai più recenti studi sui neuroni specchio [Acharya, 2012].

L'adozione di stili di vita corretti costituisce uno strumento di rigenerazione straordinario in caso di stress cronico, ma non deve essere vissuto come una privazione, perché in tal caso potrebbe generare stress a sua volta. Ci si ricollega, quindi, al concetto di *Lifestyle Medicine* (v. domanda 33) e alla necessità di adottare un programma personalizzato.

Il ruolo del terapeuta è quello di sostenere il percorso di consapevolezza del proprio paziente sulla necessità di comprendere le cause dello stress e saper programmare pause di recupero. Inoltre il terapeuta dovrebbe aiutare il proprio assistito a costruire percorsi personalizzati di riorientamento degli stili di vita.

Che cos'è il "flusso" in psicologia?

Il concetto di "flusso", in inglese *"flow"*, è stato teorizzato dallo psicologo Mihály Csíkszentmihályi nel 1975 e indica uno stato psicologico di profonda concentrazione e passione rispetto all'attività che si sta svolgendo, che risulta talmente coinvolgente da essere paragonata dalle persone che l'hanno sperimentata a una corrente d'acqua (flusso) che le trascina [Csíkszentmihályi, 1975].

Lo stato mentale di flusso implica la presenza di una concentrazione così elevata da impedire la percezione degli stimoli esterni (anche dello scorrere del tempo). È caratterizzato da elevata motivazione, sensazione di piacere, di gratificazione, di poter portare a termine il compito con successo e di poter controllare ciò che si sta facendo.

Nel suo libro "Creativity: flow and the psychology of discovery and invention" del 1996, Csíkszentmihályi ha scritto di aver rilevato notevoli somiglianze tra gli stati mentali di persone che, pur trovandosi in contesti completamente diversi, hanno sperimentato un profondo stato di benessere e godimento. Indipendentemente dall'età, dal genere o dall'istruzione, i soggetti si trovavano in uno stato di coinvolgimento tale da dimenticare la complessità di ciò che stavano sperimentando: che si trattasse di meditare, correre in una gara, giocare a scacchi o eseguire un intervento chirurgico, ciò che viene riferito è uno stato d'animo corrispondente a una forza estranea che fa muovere senza sforzo [Csíkszentmihályi, 2013].

In effetti il concetto di flusso è stato trasposto e utilizzato in diversi campi per aumentare l'efficienza, dallo sport, all'economia, all'istruzione. Massimo Agnoletti, un allievo di Csíkszentmihályi, ha inoltre rilevato che la dinamica che conduce allo stato di flusso è correlata anche allo sviluppo della resilienza [Agnoletti, 2015] (v. domanda 29).

Che cos'è la *relaxation response?*

La *relaxation response* (risposta di rilassamento) è stata descritta da Herbert Benson negli anni Settanta come la risposta fisiologica allo stress [Benson, 2000]. Si tratta di una condizione evocata dalla ripetizione di una parola, un suono, una preghiera, un pensiero, una frase o un'attività muscolare. Ogni volta che la ripetizione viene interrotta da pensieri intrusivi, la condizione si rigenera attraverso il ritorno passivo alla ripetizione stessa. Un'attenzione particolare è posta nei confronti della respirazione. Questa condizione è in grado di spezzare il "treno dei pensieri" quotidiani e i suoi benefici si vedono quando la prassi è attivata per almeno 15-20 minuti, una o due volte al giorno in momenti in cui il processo digestivo, che sembra interferire con l'attivazione della riposta di rilassamento, non è in corso. Il best seller che ha reso famose le scoperte del Professor Benson si chiama "The relaxation response" e la sua prima pubblicazione risale al 1975 [Benson, 2000].

Benson, cardiologo ricercatore presso l'Harvard Institute, negli anni '60 si accorse che tra il 60% e il 90% delle visite mediche era collegato a sintomi stress-correlati. Le malattie cardiache, l'ipertensione, l'ansia, la depressione, il dolore cronico, le disfunzioni legate alla sessualità, i problemi di fertilità e il diabete sono esacerbati dallo stress. Benson iniziò a studiare i praticanti di meditazione trascendentale monitorando la fisiologia di questi soggetti: riscontrò profondi cambiamenti nella fisiologia attraverso il semplice atto di cambiare i pensieri. Il loro respiro rallentava del 25%, il consumo di ossigeno diminuiva del 17%, la loro pressione diminuiva e il battito cardiaco rallentava. In base alle sue osservazioni, distinse due componenti fondamentali collegate a tali parametri in grado di attivare la *relaxation response*:

1. la ripetizione di una frase, una parola, un suono o una preghiera;
2. il fatto di lasciar andare pensieri interferenti ritornando all'elemento ripetitivo.

Queste caratteristiche si ritrovano in pratiche presenti nella maggior parte delle culture e spesso sono legate a esperienze religiose. Dalle *Upàniṣad* indiane agli eremiti cristiani, dalla moderna preghiera a pratiche secolari come yoga, tai chi o altre tecniche, il concetto di rompere il flusso dei pensieri per raggiungere il rilassamento è un fenomeno universale.

«Non è niente di nuovo – dichiarò alla fine del suo studio sui meditanti il Professor Benson – Quello che è stato fatto attraverso la codifica della *relaxation response* è la traduzione di pratiche universali nel linguaggio dei giorni nostri, che è la scienza».

Lo stimolo della *relaxation response* calma la mente, attiva le aree specifiche del cervello coinvolte nella reazione da stress (ippocampo e amigdala), aumenta lo spessore della corteccia, cambia l'espressione genica, influisce sulla riduzione del grado infiammatorio generale e sulla morte neuronale delle cellule dell'ippocampo, sede della memoria. Questa risposta è alla base di ogni tecnica meditativa, ma è anche il fenomeno che si genera quando l'individuo si trova nello stato mentale di flusso (v. domanda 35).

A livello fisiologico la risposta di cambiamento induce la riduzione del metabolismo, della frequenza cardiaca, della pressione arteriosa, della frequenza respiratoria e della tensione muscolare.

Per elicitare la *relaxation response* è possibile ricorrere a diverse tecniche, quali la respirazione diaframmatica, la meditazione (v. domanda 37), la *mindfulness* (v. domanda 38), la preghiera ripetitiva, il rilassamento muscolare progressivo, lo yoga stretching, l'immaginazione e, in generale, tutto ciò che piace e genera flusso.

In che modo la meditazione incide sullo stress?

Una ricerca effettuata dall'Università di Harvard [Killingsworth, 2010] ha stabilito che quasi metà delle persone nelle proprie ore di veglia pensa a qualcosa di diverso da quello che sta facendo. Questo viaggio della mente in genere rende le persone infelici. Gli Autori di questo articolo scrivono che «la mente umana è una mente viaggiante, e la mente viaggiante è una mente infelice [...] La capacità di pensare a ciò che non sta accadendo è una conquista cognitiva che comporta un prezzo emotivo».

Contrariamente agli animali, l'uomo è in grado di fissare il pensiero su eventi passati, futuri o che non accadranno mai. Se colleghiamo questo dato con il fatto che una mente sotto stress cerca di continuo nuove soluzioni a problemi per i quali non ha formule chiare di successo, possiamo percepire come un meccanismo altrimenti salvifico quale la ricerca di soluzioni possa esaurire le riserve energetiche se non ci sono pause di riposo. Sappiamo inoltre che l'energia psichica consuma zucchero e che, al contrario dei muscoli, non fa percepire la fatica.

Come si può fermare questo sforzo cronico e renderlo efficiente? La meditazione risulta essere tra le risposte più vincenti per creare quella fase di riposo mentale che, aggiunta al riposo notturno, consente il "reset mentale". Essa permette di effettuare una sorta di azzeramento dei programmi cerebrali accesi, in modo molto simile a quanto accade in un computer quando si sta cercando risposta a un dilemma con tante finestre aperte e il computer si blocca. Come si risolve il problema? Si toglie la corrente per un attimo e poi tutto riprende a funzionare.

Il Professor Herbert Benson, fondatore del Benson-Henry Institute for Mind Body Medicine del Massachusetts General Hospital di Boston, ha ampiamente dimostrato che la meditazione attiva la *relaxation response* (v. domanda 36), l'antidoto naturale allo stress. La meditazione, praticata in qualsiasi forma, purché collegata a sensazioni piacevoli e a uno stato di relax consapevole, riduce i metaboliti dello stress, la frequenza cardiaca e la pressione arteriosa oltre al "treno dei pensieri" che affollano la mente stressata. Numerosi articoli sono pubblicati nel sito del Benson-Henry Institute [Benson-Henry Institute for Mind Body Medicine at Massachusetts General Hospital, 2018a]. Le applicazioni della tecnica sono le più varie, dallo stress in adolescenza (v. sezione "Lo stress durante l'età dello sviluppo"), alla gestione di patologie croniche, sia fisiche sia psicologiche.

Che cos'è la *mindfulness?*

«Mindfulness è la consapevolezza che compare quando si presta attenzione al momento presente, senza giudizio» [Kabat Zinn, 1994]. La *mindfulness* quindi è una tecnica che serve per aumentare la consapevolezza. Si tratta di un metodo per ridurre lo stress e il dolore fisico che permette di sperimentare sentimenti, sensazioni e pensieri sospendendo il giudizio, restando presenti all'esperienza del momento [Kabat Zinn, 1994].

Tra i benefici della sua applicazione vi sono:
- miglioramento del sistema immunitario [Davidson, 2003];
- diminuzione del dolore [Zeidan, 2011];
- diminuzione dell'infiammazione a livello cellulare [Rosenkranz, 2013];
- diminuzione della depressione [Ramel, 2004];
- riduzione dell'ansia e dello stress [Miller, 1995].

Jon Kabat-Zinn, dell'Università del Massachusetts, è considerato uno dei pionieri di questo approccio, che si basa principalmente sul fatto di prestare attenzione intenzionalmente, al momento presente e in maniera non giudicante. Si tratta quindi di un modo per coltivare una più piena presenza all'esperienza del momento, al qui e ora.

Di fatto è principalmente un programma clinico di gestione dello stress che si basa sulla meditazione buddhista e prevede l'induzione nei pazienti di uno stato psicologico di assenza di giudizio sul presente, pur restando in uno stato di consapevolezza. In questo modo si può captare subito la nascita di pensieri negativi che comportano malessere.

Una gran quantità di pensieri negativi deriva dalla critica che il soggetto fa a sé stesso in quanto si sente ansioso, stressato, depresso o a disagio. In genere gli esercizi di concentrazione previsti da questo metodo, che permettono di aumentare la concentrazione e di gestire meglio lo stress, iniziano con l'osservazione del proprio respiro mantenendo la consapevolezza delle sensazioni che lo accompagnano.

Il Dottor Kabat-Zinn ha fondato la *Stress Reduction Clinic* e il *Center for Mindfulness in Medicine, Health Care and Society* presso l'Università della Massachusetts Medical School. In una conferenza a Boston nel 2015 [Benson-Henry Institute for Mind Body Medicine at Massachusetts General Hospital, 2015] sul tema della *Mind-Body Medicine*, Herbert Benson disse che la *Participatory Medicine* [Hood, 2013] sarà il futuro della sanità pubblica nei decenni che verranno. Si tratta di una medicina che mette al centro la persona, la quale diventa partecipe del suo percorso di cura e guarigione. Herbert Benson e Jon Kabat-Zinn sono considerati i profeti della *Mind-Body Medicine*.

Come funziona il sistema della ricompensa?

Il sistema della ricompensa è rappresentato a livello cerebrale da un gruppo di strutture nervose responsabili di valutare la rilevanza di uno stimolo (motivazione, volontà, desiderio o ricerca smaniosa di una ricompensa), di un contenuto da apprendere (condizionamento o rinforzo positivo) e di emozioni positive (gioia, euforia, estasi) [Berridge, 2015].

Come si definisce una ricompensa? Qualsiasi stimolo, oggetto, evento, attività o situazione che induce potenzialmente attrazione al consumo è considerato una ricompensa [Schultz, 2015]. Le prime ricompense sono quelle necessarie per la sopravvivenza e includono l'omeostasi nutrizionale (introito di cibo piacevole) e la riproduzione (il contatto sessuale e l'investimento nella genitorialità).

Le ricompense intrinseche motivano l'individuo a ricercarle perché procurano piacere e sono definite "incondizionate". Le ricompense estrinseche (ad esempio il denaro) sono attraenti ma "condizionate", perché non dipendono dal piacere che evocano nell'organismo. Il loro potere attraente deriva da processi mentali di apprendimenti associativi (condizionamento) che riguardano la ricompensa intrinseca [Schultz, 2015].

Naturalmente il meccanismo della sopravvivenza, oltre che sulla ricerca del piacere, si basa sull'evitamento del dolore [Leknes, 2008] (v. domanda 13). Il piacere è reso possibile dalla secrezione di oppioidi endogeni, quindi il sistema oppioide influenza la motivazione indirettamente, modulando l'esperienza soggettiva del dolore o della ricompensa. La dopamina motiva a raggiungere la ricompensa (volere), ma il reale piacere è dato dagli oppioidi endogeni [Barbano, 2007].

Le ricerche inerenti alla prevalenza tra piacere e dolore in caso di coesistenza degli stimoli hanno dimostrato una sinergia che dipende dalla forma molecolare assunta dalla dopamina. Un'alta concentrazione di dopamina tonica è associata a un incremento di dolore e a una diminuzione del piacere, oltre che a una diminuzione della dopamina nella sua forma fasica e una riduzione nel rilascio di oppioidi endogeni. Emerge la visione di un circuito che si trasforma nel suo opposto e usa la stessa via neuroendocrina in base alla capacità del sistema di far fronte allo stimolo [Leknes, 2008] (v. domanda 13).

Sapersi procurare ricompense giornaliere è un modo per rendersi autonomi nell'approvvigionamento di energia. Spesso, però, il condizionamento limita la capacità autonoma di procurarsi il piacere che nutre e sposta l'attenzione su altri oggetti, che hanno il potere delegato di evocare piacere. L'intermediazione veicolata dalla ricompensa estrinseca fa sì che i pazienti dimentichino le loro abilità di vita e si facciano convincere di non avere abbastanza nutrimento.

Il compito del terapeuta è promuovere il condizionamento inverso (ricondiziona-
mento) per aiutare le persone a percepire il diritto/dovere di amare se stesse e allenarsi sulle ricompense intrinseche prodotte con l'attività fisica, la musica, la meditazione, la gratitudine, la reciprocità e l'empatia, invece di proiettare aspettative solo
all'esterno. In certi casi la causa dello scompenso che può portare a depressione o a
impeti violenti è proprio la fame di ricompensa che i soggetti da soli non sono più in
grado di generare e che pretendono venga dagli altri.

Che cosa sono le soddisfazioni sostitutive e perché apparentemente abbassano lo stress percepito?

Il cibo è una ricompensa naturale molto potente. A livello cerebrale, il consumo di cibo induce secrezione di dopamina e di oppioidi endogeni. Un individuo, quindi, tenderà a ripetere l'assunzione di un particolare cibo per l'esperienza che ne deriva di piacere e gratificazione (v. domanda 20). Il comportamento ripetitivo sovrascrive i segnali di fame e sazietà reali. Se la gratificazione arriva solo dal cibo, c'è il rischio che l'abitudine alla gratificazione porti a un aumento del carico calorico, alla sovra-nutrizione e all'obesità [Singh, 2014].

I circuiti della ricompensa (v. domanda 39) sono ben noti a chi produce soddisfa-zioni sostitutive riducendo la capacità endogena di evocarle. Le soddisfazioni sosti-tutive un tempo erano l'arte, la musica (v. domanda 41), la creatività (v. domanda 42), il desiderio di bellezza finalizzato alla ricerca di quella che Platone nel IV secolo a.C. chiamava "pianura della verità", cioè la visione metafisica della verità personale, che aumentava la dignità etica e la consistenza di esistere sul serio [Platone, 1869]. Oggi le soddisfazioni sostitutive sono diventate il terreno di conquista della globa-lizzazione, che vuole che tutti siano desideranti, ma in modalità standard. L'obietti-vo del profitto è quello di investire in prodotti a basso costo e alta resa che, come il cibo, siano capaci di evocare i circuiti della ricompensa. Sia per la progettazione sia per la produzione, devono essere beni da sostituire con elevata frequenza: cellulari, capi di abbigliamento o beni di lusso che cambiano piccoli dettagli a ritmo serrato in modo da rendere rapidamente obsoleti i modelli precedenti. Le soddisfazioni sosti-tutive acquistano particolare senso se il gruppo sociale in cui si è integrati dà valore alla persona in base al simbolo di identità surrogata.

Non è consigliabile, tuttavia, negare le soddisfazioni sostitutive in modo assolu-to, ma occorre condurre parallelamente un discorso di valorizzazione personale del-le cose: esse non devono rappresentare la succursale dell'identità, ma devono essere mezzi di espressione e di funzionalità per degli scopi da raggiungere.

Non soltanto gli adolescenti, ma molti adulti hanno perso di vista questi principi, vittime anch'essi di un sistema troppo ben congegnato per sedurre sui temi del pos-sesso e dell'identità di massa.

Il problema può manifestarsi, ad esempio, quando i terapisti provano a impostare un programma di miglioramento di gestione dello stress in individui che sono abi-tuati a cenare solo per placare la frustrazione della giornata di lavoro, ma non hanno l'abitudine di fare la prima colazione, ritrovandosi così già stanchi al mattino e non in grado di opporre resistenza al sistema in cui vivono. Molto spesso questi stessi in-dividui non trovano il tempo per fare dell'attività fisica, ma trovano il tempo da trascorrere dentro i centri commerciali. Far uscire le persone da questo circuito non è semplice, perché le soddisfazioni sostitutive sono rapide e fornite dall'esterno, mentre quelle salutari prevedono allenamento e consapevolezza interiore.

Dal momento che, come sostiene l'OMS, la salute è uno stato dinamico di benessere fisico, mentale, spirituale e sociale, si comprende l'importanza del lavoro sulla motivazione del paziente oltre che sulla prescrizione corretta [World Health Organization, 1986].

La musica può aiutare a gestire lo stress?

La scienza sperimentale riporta le ricerche sui potenziali benefici della musica nei confronti del funzionamento dell'asse dello stress (ipotalamo-ipofisi-surrene) [Thoma, 2013]: riduzioni significative nel livello di cortisolo circolante si verificano ascoltando musica prima o durante un intervento sanitario considerato stressante.

Le ricerche che studiano l'impatto della musica sul sistema nervoso hanno una lunga tradizione. L'ascolto della musica riduce il tono dell'attività del sistema simpatico, determina la formazione di processi cognitivi cerebrali in grado di condizionare la risposta fisiologica allo stress, riduce il livello di stress percepito, aumenta le abilità di far fronte allo stress e ha un impatto positivo sulla riduzione dell'ansia. La mancanza di certezze consolidate dipende dalla limitazione degli studi svolti in contesti clinici che prevedevano molte variabili in gioco.

La questione fondamentale rimane comunque la reazione emozionale che genera la musica e il suo conseguente impatto sullo stress. Poiché i livelli di attività neuronali dell'amigdala diminuiscono in risposta agli effetti calmanti della musica, ci possono essere riduzioni corrispondenti dei segnali inviati alle altre aree cerebrali. Alcuni studi hanno correlato la musica con effetti positivi in pazienti ricoverati in unità coronarica in stato ansioso post-infartuale [Guzzetta, 1989; White, 1999] e in pazienti oncologici [Burns, 2001].

In sintesi, la musicoterapia:
- riduce il livello dell'ansia [Petterson, 2001; Horne-Thompson, 2008];
- riduce il livello di stress determinando, così, un miglioramento della qualità di vita dei pazienti (anche nei malati terminali) [Nakayama, 2009];
- migliora il controllo del dolore, il benessere fisico e il rilassamento [Horne-Thompson, 2008; Gutgsell, 2013];
- riduce i problemi respiratori [Burns, 2015];
- promuove il benessere dei familiari coinvolti nell'assistenza in quanto permette di rilassarsi durante periodi psicologicamente difficili e può servire ad affrontare meglio il dolore ed elaborare il lutto [O'Callaghan, 2009].

Arte e creatività possono influire sullo stress?

Esperienze condotte nelle scuole hanno fatto emergere l'importanza di un'abilità di vita in grado di funzionare da antidoto nei confronti dello stress cronico e del disagio a esso correlato: la creatività. In particolare, gli adolescenti che hanno condotto un'esperienza organizzata in alleanza con l'azienda sanitaria locale hanno analizzato tramite video-interviste le forme dello stress nei diversi contesti (casa, scuola, tempo libero, sport, rapporti con l'attesa di performance da parte degli adulti), testimoniando il grande impatto che ha la creatività, sia individuale sia di gruppo, nel far fronte a situazioni nuove [Aguzzoli, 2013].

Un neuroscienziato indiano di fama mondiale, Vilayanur S. Ramachandran, dopo aver analizzato diverse culture, ha descritto le leggi universali che spingono l'essere vivente a produrre immagini artistiche [Ramachandran, 2006]. L'Autore descrive queste caratteristiche come modalità di adattamento dell'essere vivente nei millenni, per riconoscere e manipolare gli oggetti, per attirare potenziali partner, ma soprattutto per simulare virtualmente una realtà. Quindi, l'arte sostiene gli uomini aiutandoli a dare forma alla visione, la quale a sua volta li spinge e motiva nell'evoluzione, intesa come stress positivo. Secondo le osservazioni di Ramachandran, il 90% della varietà osservata in ambito artistico dipende dalla differenza di cultura e solo il 10% è frutto di leggi universali comuni a tutti i cervelli umani.

Di seguito si riportano le dieci leggi universali dell'arte secondo Ramachandran, intese come caratteristiche necessarie alla sopravvivenza e all'adattamento:

1. iperbole: ridondanza di una particolare caratteristica, particolarmente attraente;
2. raggruppamento percettivo: assemblaggio dei vari elementi del campo visivo;
3. risoluzione di problemi percettivi: zone ricche di informazioni che attirano l'attenzione;
4. isolamento modulare: isolare una particolare modalità percettiva e amplificare il singolo segnale;
5. contrasto: senso di soddisfacimento nel decifrare un preciso segnale immerso all'interno di tutte le informazioni che giungono dall'esterno;
6. simmetria;
7. avversione per le coincidenze sospette e per le singolarità: tendenza a scegliere l'interpretazione più plausibile;
8. ripetizione, ritmo e ordine;
9. equilibrio: riconoscimento di una struttura all'interno di una forma più ampia;
10. metafora: senso di gratificazione nel rintracciare un'analogia tra piani diversi di interpretazione.

Quando le persone sono invitate a lavorare con processi creativi e artistici che li influenzano più della loro identità con la malattia, aumenta la capacità di «creare congruenza tra i loro stati affettivi e la loro produzione di significati» [Yorks, 2006]. Attraverso la creatività e l'immaginazione, è possibile trovare la propria identità e il serbatoio di guarigione personale.

Più il terapeuta aiuta i pazienti a comprendere la relazione tra espressione creativa e guarigione, più emerge il potere di guarigione delle arti [Stuckey, 2010].

Come si può effettuare una "ricarica mentale" per affrontare meglio lo stress?

Bradberry e colleghi nel libro "Emotional Intelligence 2.0" [Bradberry, 2009] descrivono il beneficio che l'esercizio fisico e mentale porta alla ricarica dell'energia mentale. Quando si mantiene il corpo sano, si offre alla mente un'importante pausa rigenerante, cioè la maggior ricarica che si possa dare al cervello dopo il sonno. L'attività fisica è di certo l'ideale, ma ci sono altre attività molto utili come lo yoga, il massaggio e il giardinaggio, che agiscono come pause rinvigorenti per la mente. Queste attività determinano il rilascio di serotonina ed endorfine che "ricaricano le batterie" e favoriscono lo stato di reattività fisiologica allo stress. In questo modo vengono coinvolte anche le aree che sono implicate nella capacità decisionale, nella pianificazione, nell'organizzazione e nel pensiero razionale. Per la maggior parte delle persone la difficoltà principale consiste nel trovare il tempo per prendere questa pausa e distribuire tali attività di rottura dello stress nel quotidiano, perché generalmente si è monopolizzati dal lavoro, dalla famiglia e dagli amici.

Occorre pertanto considerare queste attività alla stregua dell'igiene personale: così come si trova il tempo per lavarsi i denti, si deve trovare il modo di mettere le attività rigeneranti nella lista delle priorità della giornata.

Costruire rituali aiuta a gestire
lo stress del cambiamento?

È risaputo che cambiare è difficile. Nel libro "Happier: learn the secrets to daily joy and lasting fulfillment" il Professor Tal Ben-Shahar, docente di psicologia positiva, descrive i primi corsi avviati sulla felicità ad Harvard e negli esercizi del primo capitolo del libro invita i lettori a costruire rituali [Ben-Shahar, 2007]. Iniziare un rituale è spesso difficile, ma mantenerlo è relativamente facile.

Gli atleti ad alto livello hanno sempre dei rituali per allenarsi. Per loro la prestazione sportiva assume un alto valore. Per altre persone anche il solo gesto di lavarsi i denti due volte al giorno rappresenta un rituale altrettanto normale perché il loro valore è costituito dall'igiene. Se si considera la felicità personale come un valore, e si vuole diventare più felici, è necessario mettere in atto dei rituali. Tra i rituali utili a questo scopo troviamo ad esempio quello di meditare per 15 minuti ogni mattina o sera, guardare due film nuovi ogni mese, leggere per un'ora al giorno. L'importante è non aggiungere più di uno o due rituali alla volta e farli diventare un'abitudine prima di inserirne altri.

Che impatto ha l'umorismo sullo stress?

Herbert Benson nel suo libro "The wellness book" dedica un intero capitolo all'umorismo e alla capacità di giocare per stare bene, descrivendo una strategia per osservare la propria vita con senso dell'umorismo e la definisce "la sitcom della mente" [Benson, 1992]. I pensieri automatici che esprimono credenze irrazionali potrebbero diventare una commedia divertente se vista in televisione.

L'umorismo e il piacere possono rappresentare dei rimedi straordinari per lo stress. Così come l'esperienza o l'anticipazione di un'esperienza stressante possono attivare la risposta da stress, l'esperienza o l'anticipazione di un'esperienza di piacere possono contrastare lo stress.

In uno studio condotto dal Dottor Berk [Berk, 1989], professore di Medicina Preventiva alla Loma Linda University School of Medicine, sono stati messi a confronto due gruppi di soggetti esponendo uno di essi alla visione di video molto divertenti e l'altro ad attività neutrali. Dopo questo esperimento sono stati misurati gli ormoni dello stress, che sono risultati molto più bassi nei soggetti che avevano visionato i video divertenti rispetto a coloro che avevano svolto attività neutrali. Le ricerche confermano che le persone che sanno ridere soffrono meno di fatica, tensione muscolare, depressione, rabbia e confusione in caso di stress.

Ad esempio, i benefici dell'umorismo nel ridurre l'ansia sono stati studiati in un campione di studenti che sono stati falsamente indotti a credere che avrebbero ricevuto uno shock dopo 12 minuti [Yovetich, 1990]. I partecipanti erano 53 studenti universitari con diversi livelli di senso dell'umorismo. Durante il periodo di attesa, i soggetti ascoltavano un nastro umoristico, un nastro non umoristico o nessun nastro. Le variabili dipendenti sono state le misure ripetute di ansia autoriferita, la frequenza cardiaca e l'attività facciale zigomatica. L'ansia durante il periodo di attesa era aumentata, come previsto. Gli studenti che avevano ascoltato un nastro umoristico giudicavano la propria ansia inferiore e riportavano un minor aumento dello stress all'avvicinarsi del momento dello shock. I soggetti che avevano un minor senso dell'umorismo tendevano ad avere una frequenza cardiaca maggiore se non avevano ascoltato alcun nastro rispetto a coloro che avevano ascoltato un nastro. Inoltre l'attività zigomatica misurata ha fatto rilevare più sorrisi tra gli studenti che avevano un maggior senso dell'umorismo e tra coloro che avevano ascoltato il nastro umoristico. Infine il nastro umoristico ha fatto registrare un maggior tasso di sorrisi da parte dei soggetti con elevato senso dell'umorismo.

Secondo il Professor Benson, l'umorismo è una strategia di *coping* molto potente, che fortunatamente può essere imparata [Benson, 1992].

L'attività fisica aumenta o diminuisce lo stress?

Muoversi ascoltando musica, immersi nella natura o in un ambiente sociale ritenuto divertente e accogliente fa rilasciare endorfine, molecole simili alla morfina, ma di natura endogena. In particolare una molecola chiamata *Brain Derived Neurotrophic Factor* – BDNF – agisce aumentando la plasticità a livello dell'ippocampo, sede della memoria [Sleiman, 2016]. Gli studi in neurologia e psichiatria (soprattutto su morbo di Alzheimer e depressione) stanno iniziando a considerare l'attività fisica al pari di un farmaco per la cura di questo tipo di malattie [Stephen, 2017].

L'attività fisica agisce liberando la mente dai pensieri negativi, soprattutto se è ritenuta piacevole e riesce a creare lo stato mentale di flusso (v. domanda 35). Tra le attività ritenute funzionali alla diminuzione dello stress, è molto studiata la tecnica dell'*High Intensity Interval Training* – HIIT – che si compone di cicli di attività fisica ad alto impatto cardiovascolare di breve durata alternati a cicli di attività fisica blanda a basso impatto. Tale modalità di esercizio allena molto bene il sistema nervoso autonomo, che viene chiamato anche sistema nervoso integrato, proprio per la sua funzione cruciale nella regolazione dell'adattamento ai fenomeni stressanti [Gibala, 2012].

A livello cellulare, l'attività fisica consente di ritardare la senescenza cellulare, come testimoniato dallo studio del gruppo di Cherkas, che ha rilevato che nelle persone sedentarie i telomeri sono più corti rispetto a quelli di coloro che praticano attività fisica [Cherkas, 2008].

L'attività fisica che genera un aumento di volume nelle fibre muscolari (definito "ipertrofia muscolare") incrementa le capacità di gestione dello stress, in quanto aumenta il bagaglio di energia (zucchero sotto forma di glicogeno) che è contenuto nel muscolo oltre che nel fegato. Praticarla è come effettuare un "investimento anti-invecchiamento", che consente all'organismo di contrastare il fisiologico decadimento della massa muscolare scheletrica che caratterizza l'avanzamento dell'età anagrafica. Se un soggetto riesce a mantenere l'equilibrio fra massa muscolare scheletrica, flessibilità e scambio tra componenti osso-muscolo per far fronte ai fenomeni stressanti, usa al meglio i suoi depositi ed evita il depauperamento della sua riserva organica.

Benché l'attività sia sempre da preferire rispetto all'inattività, è difficile stabilire quanta e quale attività fisica sia adeguata per ciascun individuo. Il livello di attività fisica raccomandata va incrociato con le fasi della giornata, preferendo le fasi diurne e mattutine per mimare l'orologio circadiano e sostenere la fisiologia ormonale, e dipende da fattori individuali (psicofisici, età, ecc.). L'attività fisica serale innalza l'ormone dello stress e di conseguenza l'insulina in un momento in cui questi ormoni dovrebbero essere al loro picco minimo, corrispondente quasi a zero. Pertanto in una persona sotto stress cronico, con un livello di infiammazione a basso grado persistente, l'attività fisica serale ad alta intensità genera stress ulteriore.

Una buona valutazione dell'impatto dell'attività fisica da scegliere può essere effettuata utilizzando gli strumenti di misurazione della composizione corporea, al fine di far convergere la strategia dedicata ad alimentazione, attività fisica e gestione dello stress in un circuito sinergico e personalizzato.

Quanto incide la respirazione
sulla gestione dello stress?

Herbert Benson ha dimostrato la relazione tra respirazione e *relaxation response* (v. domanda 36) e ha sperimentato le loro applicazioni terapeutiche nelle malattie stress-correlate [Benson, 2000]. L'essere umano compie in media 12-20 atti respiratori al minuto: frequenze di atti respiratori inferiori o superiori rispetto a questo intervallo sono definite rispettivamente "bradipnea" e "tachipnea". La respirazione più funzionale contemplerebbe 6 atti respiratori al minuto: coloro che praticano la meditazione o che sono molto allenati sono in grado di respirare in questo modo.

La respirazione svolge una funzione essenziale di approvvigionamento energetico e di scarico tossinico, quindi qualsiasi sua variazione genera delle conseguenze sullo stato di salute e sull'equilibrio di scambio interno/esterno. Ciò che Benson ha messo in relazione è la sinergia fra la componente fisica della respirazione e quella cerebrale, in cui l'approvvigionamento energetico e lo scarico tossinico corrispondono allo stop del "treno di pensieri" che continuamente sfrecciano nella coscienza cercando soluzioni, provocando emozioni e bloccando il contatto con la realtà, in una proiezione caotica verso il passato o il futuro. La semplice pratica di tecniche di rilassamento consente di elicitare la *relaxation response*, che agisce come il respiro della mente, consentendo, cioè, di acquisire nuova energia ed eliminando scorie dannose. Risulta semplice, quindi, capire perché la diffusa pratica di abbinare il rilassamento al fumo di sigaretta e alla visione della TV è sconsigliabile, in quanto spegne il sistema di pulizia di corpo e mente, danneggiando la respirazione fisica e mentale.

Occorre pertanto prestare attenzione al livello di padronanza nella scelta della respirazione e alle sue conseguenze a breve termine sull'ossigenazione tissutale.

L'espirazione ha una relazione più stretta dell'inspirazione con il sistema parasimpatico. La respirazione viene influenzata dalla frustrazione: l'espirazione diminuisce in condizioni spiacevoli in conseguenza della minor ampiezza del movimento del diaframma.

Le neuroscienze hanno appurato che mentre si pratica la meditazione si attivano le regioni cerebrali che elaborano le emozioni e influenzano le funzioni cardiaca e respiratoria. I movimenti regolari del diaframma stimolano il plesso solare e stabilizzano le funzioni mentali, regolarizzano il sistema nervoso simpatico e parasimpatico e incidono sull'*Heart Rate Variability* – HRV. L'HRV è il fisiologico intervallo tra un battito cardiaco e l'altro, e rappresenta un parametro importante e non invasivo che misura l'integrazione fra i meccanismi cerebrali (corteccia prefrontale) e la fisiologia periferica (vasocostrizione e vasodilatazione periferica) in caso di stress psicoemozionale e ricerca dell'adattamento [Thayer, 2012].

Che ruolo ha il terapeuta in caso di stress cronico?

Il dovere del terapeuta è quello di orientare il paziente che soffre di stress cronico, capendo se può cambiare e se ha l'energia e la motivazione per riattivare la sua capacità di autoguarigione. In alcuni casi il paziente deve far riferimento alla terapia sostitutiva che viene dall'esterno, finché non ritrova l'equilibrio per ripristinare la giusta energia e la giusta motivazione.

A titolo di esempio si riporta l'esperienza di un'immunologa, docente esperta in psicoimmunologia e patologie stress-correlate, che era stata invitata a tenere un percorso formativo sulla neuro-immunomodulazione e la gestione dello stress in un'azienda sanitaria. Mentre stava spiegando le ripercussioni dello stress cronico sulla patologia infiammatoria, uno psichiatra abituato all'approccio tradizionale farmacologico le lanciò una provocazione dicendole che dal momento che una delle peggiori conseguenze dello stress cronico è l'infiammazione, invece di perdere tempo a discutere su come prevenire lo stress, basterebbe usare un'aspirina e non parlarne più.

La professoressa, dopo due ore di docenza piuttosto complicate dedicate alla descrizione di collegamenti e scoperte innovative della medicina, in cui aveva condotto l'uditorio a costruire nuovi paradigmi per demedicalizzare la cronicità, rimase un attimo in silenzio. In effetti si rendeva conto della difficoltà di riorientare il sistema della passività, che vede nel farmaco la panacea di ogni disturbo. Restituire responsabilità alle persone nel controllo del proprio stato di salute è faticoso. La saggia professoressa stette quindi al gioco e disse che l'antinfiammatorio avrebbe certamente potuto fermare la cascata di reazioni patologiche ma chiese anche alla platea di ipotizzare quale sarebbe stato il prezzo da pagare in termini di effetti collaterali facendo leva sul fatto che si trattava di scelte da ponderare bene in quanto i danni da blocco dei sistemi di retroazione sulle mucose gastrointestinali e il danno evolutivo che deriva da non aver promosso l'affrancamento del soggetto rispetto allo stress percepito sarebbero stati peggiori delle sue proposte alternative e che il piano andava discusso con il paziente, in base alle sue potenzialità e ai suoi desideri.

In questa provocazione si è evidenziato uno dei maggiori problemi che la medicina sta vivendo dopo l'avvento degli antibiotici, ovvero la tendenza alla delega totale al farmaco, qualcosa al di fuori da sé, che ponga rimedio a situazioni altrimenti ingovernabili. In certi casi la delega è tassativa, in altri è pericolosa. Il terapeuta deve aiutare il suo paziente a decidere per il meglio, conoscendo sia la farmacologia sia le metodologie per attivare il *self-empowerment*.

Quanto conta la fiducia nel rapporto terapeutico e nella gestione positiva dello stress?

Esistono due tipi di fiducia nei confronti di un terapeuta: interpersonale e sociale. Quella interpersonale dipende dalle ripetute occasioni di incontro ritenute soddisfacenti e positive e quindi si costruisce nel tempo. Quella sociale dipende, invece, dalla reputazione che il terapeuta ha presso la collettività e le istituzioni.

Nel 1990 Anderson e Dedrick hanno sviluppato uno strumento per quantificare la fiducia riposta nel terapeuta, la *Trust in Physician scale*, originariamente composta da 11 *item* [Anderson, 1990]. Nel corso degli anni ne sono state create diverse varianti [Kao, 1998; Safran, 1998].

Se il paziente percepisce una forte preoccupazione da parte del terapeuta per gli adempimenti burocratici sempre più incalzanti o per la riduzione dei tempi di prestazione richiesta dall'organizzazione sotto stress, può temere di non ricevere le giuste attenzioni e rischia di entrare in una fase di allarme attivando l'amigdala. L'affidabilità, in effetti, è fortemente legata alla percezione da parte dell'amigdala, che è ricca di recettori per l'ossitocina e che di solito produce paura e senso di inattendibilità [Huber, 2005]. In seguito alla stimolazione da parte dell'ossitocina, i recettori dell'amigdala ne determinano una riduzione dell'iperattività rispetto alla stimolazione ambientale, ma, se l'ossitocina non viene prodotta, l'allarme e il sistema dello stress restano attivati. L'input sensoriale è legato anche al tono della voce e alla sicurezza dimostrata dall'atteggiamento del medico nei confronti della terapia.

Tutti questi aspetti sono essenziali nell'attivazione del percorso di compartecipazione al processo di cura e guarigione. Se si esercita la professione di terapeuta, occorre prestare attenzione all'atteggiamento che si assume nei confronti del paziente. Se non si è in un buon equilibrio emozionale, è meglio prendersi un momento di pausa per non influire negativamente sulla terapia.

Come si può ripristinare il bilancio energetico in caso di *burn-out*?

Utilizzando la metafora della piccola fiammiferaia della fiaba di Hans Christian Andersen, quando si finiscono i fiammiferi, si esaurisce anche l'energia desiderante e si entra in una fase di sfinimento (non a caso si parla di *burn-out*).

Come si può allora ribilanciare l'energia?

- Viaggiando: anche brevi spostamenti, magari inizialmente forzati, mettono in moto una sorta di dinamo che si ricarica, come nel caso del faro della bicicletta o della batteria dell'automobile. Non serve andare all'estero o in luoghi esotici, è sufficiente muoversi dal posto in cui ci si trova.
- Dormendo: concedersi il lusso di sprofondare nel sonno quando esso si manifesta significa staccare i contatti dal rimuginamento che spesso nella fase di sfinimento ottenebra i pensieri con catene di sensi di colpa che bloccano e demotivano l'individuo. Inoltre, in genere durante la sera e la notte i problemi appaiono più opprimenti che al mattino.
- Andando al cinema: un film a lieto fine può riattivare la fiducia e la speranza (è necessario avere a disposizione una lista di film appropriati).
- Ascoltando musica: preparare un file musicale/CD con le musiche preferite. Va ovviamente realizzato raccogliendo in anticipo i titoli delle canzoni più consone alla propria mappa sensoriale e conservato in un box di emergenza a portata di mano, in quanto quando si è sfiniti si tende a dimenticare quello che procura piacere, vivendo tutto in modo ostile (v. domanda 41).
- Meditando: attraverso una meditazione guidata in grado di condurre fuori dalla visione negativa stereotipata (v. domanda 37).
- Alimentandosi in modo corretto: bevendo molta acqua e nutrendosi con frutta e verdura fresche, assumendo cibi naturali ed eliminando il più possibile dall'organismo le scorie, che intossicano gli organi di drenaggio.
- Osservando la natura: possibilmente dal vivo, ma, se non è possibile, anche in video, e promuovendo una nuova sintonia con i propri ritmi fisiologici.
- Esponendosi al sole e all'aria aperta: spesso lo sfinimento deriva da periodi di lavoro che hanno determinato il confinamento in ambienti chiusi e scarsamente ossigenati.
- Attivando la creatività: scrivendo, dipingendo o svolgendo attività che stimolano e contemporaneamente rilassano la mente (v. domanda 42).

Come si ricrea l'equilibrio dopo che un evento stressante lo ha interrotto e ha dato origine a sintomi psicofisici?

Dopo un evento stressante, l'equilibrio si ricrea sia tramite i sistemi fisiologici che ricercano continuamente l'omeostasi, sia attivando la comprensione e la decodifica del sintomo. La comprensione del sintomo somatico come espressione di un disagio emozionale è stata oggetto di studio da parte di Georg Groddeck, il fondatore della medicina psicosomatica [Groddeck, 2005]. La psicosomatica è generalmente affrontata nell'ambito degli studi di neuroimmunomodulazione o nella psiconeuroimmunoendocrinologia. È oggi sempre più evidente la spiegazione scientifica che restituisce dignità ai MUS (v. domanda 8), oggi riconosciuti come segni e sintomi di *distress* psicosociale, che per anni hanno indotto a etichettare le persone come nevrotiche, isteriche o psichicamente instabili.

Se l'evento stressante è acuto e l'approccio situazionale non è stato sufficiente a risolvere l'attacco all'equilibrio per ricostituirlo rapidamente, occorre tenere presente che le altre strategie classiche del *coping* (il verbo inglese "*to cope*" significa "far fronte a") riguardano l'evitamento e la gestione delle emozioni.

Se si tratta di un evento stressante che si ripete e perturba con troppa frequenza l'equilibrio sempre allo stesso modo e colpendo sempre gli stessi apparati e organi, è utile che esso venga compreso nella sua didattica, nel senso che occorre mettere in luce il circuito esperienziale ripetitivo. Perché si ripete lo stesso errore? Perché non ci si ferma e si riposa? Fermarsi e attivare nuovi percorsi e sani stili di vita permette di comprendere i segni e i sintomi che il corpo invia come indicatori di direzione. Fermarsi, riposare, ritrovare il ritmo sonno-veglia, la circadianità della nutrizione collegata al movimento fisiologico dell'apparato muscoloscheletrico sono le basi universali per recuperare le energie e riadattare l'organismo. Il sistema neuroendocrino di per sé è già programmato per trovare il nuovo equilibrio.

Il terapeuta deve saper riconoscere il carico o l'eventuale sovraccarico allostatico per fornire strumenti di autogestione e sostenere il recupero delle energie.

III. Lo stress durante l'età dello sviluppo

Quand'ero piccolo i miei genitori hanno cambiato casa una decina di volte.
Ma io sono sempre riuscito a trovarli.
Woody Allen

Quanti adolescenti soffrono lo stress e come lo combattono?

Secondo i dati riportati dall'analisi internazionale *"Health Behaviour in School-aged Children"* (HBSC) [World Health Organization, 2016], a cui hanno partecipato 44 Paesi, molti adolescenti soffrono di disturbi vaghi e aspecifici (MUS) (v. domanda 8).

Una notevole percentuale degli adolescenti italiani intervistati ha riportato problemi riguardanti il malessere esistenziale, la mancanza di fiducia in se stessi, la mancanza di capacità progettuali e di obiettivi a lungo termine, la riluttanza ad assumersi responsabilità e il rimando delle scelte di vita importanti [World Health Organization, 2016; Cavallo, 2016].

L'Italia risulta ai primi posti per la percentuale di ragazzi di 11, 13 e 15 anni che negli ultimi sei mesi riferiscono di aver sofferto di mal di testa, mal di stomaco, mal di schiena, morale basso, irritabilità o cattivo umore, nervosismo, vertigini e difficoltà ad addormentarsi.

È emerso che a 11 anni il 28% dei maschi e il 35% delle femmine dichiarano di soffrire quotidianamente di almeno uno dei sintomi presenti nella lista. All'aumentare dell'età, l'andamento nei due generi è diverso: mentre nei ragazzi di 15 anni tale percentuale si riduce al 23%, nelle ragazze sale al 48% [Cavallo, 2016].

Questi sintomi vengono descritti in letteratura come un insieme di segnalatori di *distress* metabolico, cognitivo o psichico e rappresentano un'emergenza sui cui far convergere i programmi di investimento per la promozione della salute e il riorientamento degli stili di vita protettivi [Tsigos, 2015].

Alcuni studi qualitativi [Ott, 2011] dimostrano come gli adolescenti assegnino un ruolo centrale alla dimensione della salute mentale non focalizzandosi solo sulla depressione, che pur la letteratura segnala in aumento in questa fascia di età, ma soprattutto sullo stress che risulta dalla continua interazione con l'ambiente fisico e sociale di riferimento. Gli stessi studi sembrano mettere in luce come le relazioni con i pari e la scuola siano le principali cause di stress in grado di produrre sintomi psicosomatici ai quali gli adolescenti, soprattutto le ragazze, risponderebbero con l'assunzione di farmaci [Hansen, 2009].

Un'altra risposta comunemente riscontrata nei giovani per gestire lo stress è l'adozione di comportamenti devianti e stili di vita dannosi. Tale strategia viene messa in atto sia perché a questa età si tende a esprimere il disagio agendo, in assenza di capacità di espressione più mature, sia perché si desidera mettere alla prova le proprie capacità.

Quali cause riconosce lo stress in adolescenza e come può essere gestito?

Vi possono essere diverse spiegazioni al fenomeno dello stress in adolescenza, tra cui la consapevolezza dei propri limiti, lo stress indotto dalla necessità di affrontare rischi per crescere, le rapide trasformazioni corporee, la ricerca di identità e di nuove relazioni, gli stili di vita scorretti, l'attuale periodo storico, che presenta grandi cambiamenti e che pone sotto pressione anche il mondo degli adulti. D'altra parte i sintomi possono essere input a cercare nuove vie di manifestazione di sé, cercando un compromesso sostenibile tra la voglia di piacere agli altri, a se stessi e alla famiglia d'origine.

Trovare il giusto adattamento e quindi l'omeostasi è una sfida a elevata complessità per chi ha uno spirito critico sviluppato e sta sperimentando quanto regge il principio di autorità introiettato dalla famiglia (padre) rispetto ai principi di autorità della società. È abbastanza naturale che il giovane veda la contraddizione di due mondi che si intrecciano: quello del passato, più o meno rassicurante, più o meno corrispondente alle aspettative affettive, e quello del futuro, con i suoi sogni e desideri spesso corrotti dal marketing e dalla appartenenza a gruppi con regole fisse, pena l'esclusione e l'isolamento. In queste situazioni i MUS (v. domanda 8) sono un segnale di mancato adattamento, che richiede la comprensione delle motivazioni per le quali il giovane non riesce ad attivare i canali della creatività, del *problem solving* e dell'empatia che permetterebbero la gestione dello stress e del disagio.

D'altra parte lo stress sociale dei periodi di cambiamento mette in crisi tutto ciò che non funziona e va superato. Da questo punto di vista una società deve avere grande rispetto e spirito di osservazione sulle modalità che i giovani mettono in atto per sperimentare il cambiamento. Cancellare i sintomi prodotti dallo stress senza capirne la motivazione è una strategia pericolosa.

Sono ampie le potenzialità di un colloquio terapeutico non invasivo per aumentare l'orientamento e la consapevolezza sugli stili di vita da rivedere e sui pensieri disfunzionali da scaricare. Se l'ambiente è problematico al punto di non consentire di avere le risorse per decidere in modo appropriato rispetto alle sfide della crescita, la presenza dei sintomi è un freno a decisioni affrettate. D'altra parte, se la ricerca dell'annullamento del sintomo corrisponde all'aumento dell'uso di farmaci (antidolorifici e antinfiammatori), senza organizzare un piano di potenziamento delle *life skills*, si perde un'occasione importante di *empowerment*.

Il terapeuta che si confronta con un ragazzo con MUS di vario grado è tenuto a promuovere un piano d'azione sugli stili di vita in parallelo al piano di miglioramento delle capacità di gestire stress ed emozioni, nonché a incoraggiare lo sviluppo delle *life skills* (v. domanda 27).

Come si possono promuovere
stili di vita corretti?

La pratica di stili di vita corretti non dipende solo da motivazioni razionali: se per l'adulto ben strutturato le scelte possono essere individuali, spesso per i più giovani le scelte sono imposte da pressioni che agiscono con mezzi molto sofisticati e subdoli approfittando di substrati di fragilità. C'è un comune denominatore che definisce la fragilità che apre le porte a tutte le dipendenze: si tratta della multipotenzialità non ancora orientata, che è presente in tutte le fasi di cambiamento e a maggior ragione in adolescenza, dove si assiste a una mancanza di strumenti per resistere a pressioni esterne (e interne) durante il percorso di ricerca del proprio progetto di vita.

Ma come si fa ad affrontare la contraddizione tipica degli individui che, pur sapendo "ciò che fa bene", molte volte si accingono a fare "ciò che fa male"? Le cose "giuste" da fare spesso sono state spiegate a casa o a scuola: il problema è sceglierle in un ambiente che non ne favorisce la pratica. La sanità pubblica utilizza due strategie per promuovere stili di vita sani, identificandole con i termini "promozione della salute" e "prevenzione delle malattie".

Le due strategie dovrebbero essere integrate e avere pari dignità nella programmazione delle azioni in quanto si tratta di approcci diversi per momenti diversi, anche se spesso vengono considerate sinonimi. Questo equivoco genera confusione nell'allocazione delle risorse, nella formazione di operatori e nella costruzione di percorsi culturali di comunità. Proprio per questo il cittadino fa fatica a modificare il proprio atteggiamento in quanto molte volte incontra esperti poco credibili che, nonostante prescrivano una alimentazione sana, un contrasto all'abitudine tabagica e all'abuso di alcol, agiscono in modo opposto rispetto ai comportamenti proposti, non considerando il paradosso legato al loro comportamento.

La promozione della salute mira all'autonomia e al concetto di benessere.

La prevenzione delle malattie è un concetto che contiene una certa carica ansiogena, evoca un pericolo da sventare. Per queste ragione le campagne sul contrasto a stili di vita devianti (assunzione di tabacco, alcol, *comfort food*, ecc.) molte volte non sono efficaci. Esse richiamano concetti di privazione in condizione di stress cronico: la privazione può aggravare la percezione dello stress percepito, generando un circolo vizioso che si autoalimenta invece di spegnersi. Per evitare i paternalismi poco efficaci, è meglio attuare percorsi di motivazione e consapevolezza, abbinati a stili di vita piacevoli e gratificanti. Un ruolo fondamentale è svolto dall'ambiente di vita e dall'offerta di percorsi di salute a basso costo e di sviluppo di *life skills* (v. domanda 27) in grado di favorire l'instaurarsi di relazioni sociali piacevoli.

Che cosa sono le intossicazioni da stili di vita scorretti e come possono essere gestite?

Le sostanze che intossicano sono da sempre "Bacco e tabacco", poiché Venere, intesa come una sana affettività e vita sessuale, al massimo funzionerebbe da disintossicante. Purtroppo per Venere, spesso la cultura occidentale preferisce sostituirla con gratificazioni di tipo alimentare. In una specie di trappola della fase orale, molte delle soddisfazioni che sono considerate lecite e legali sono abbinate alla soddisfazione del senso del gusto e dell'odorato, quindi strumentalizzate dall'industria alimentare.

Una soddisfacente vita affettiva e sessuale potrebbe essere un rimedio efficacissimo in caso di stress cronico, una soddisfazione sostitutiva di tutto rispetto, che promuove l'azione e non la passività nell'ottenimento del risultato. Nella nostra società, purtroppo, Venere è un tabù e si fa in modo che non sia accessibile. Per assurdo sono accessibili informazioni che sviliscono il rapporto sessuale abbassandone la sua energia potentissima. D'altra parte non ci sono pari informazioni che rendono bravi e allenati nel procurare e procurarsi piacere. Invece di intossicare l'organismo con *comfort food* e sostanze d'abuso come alcol, fumo e droghe di vario genere, si potrebbe aumentare il livello di competenza nella relazione intima e sessuale. Ma non ci sono corsi di apprendimento ufficiali, ragion per cui rimane un tabù che fin da piccoli interessa molto, ma, dato che induce scandalo e fa vergognare, spesso diventa concausa addirittura di sovrappeso e obesità. Ci si meraviglia che i giovani siano trascinati in esperienze sessuali ad alto rischio, sia psichico sia fisico, ma il tema non è trattato da nessuno. Ci sono sporadiche trasmissioni televisive (come ad esempio "Love Line", trasmessa parecchi anni fa) o radiofoniche che non si sa se e in quale misura intercettino i ragazzi; per il resto l'informazione è spesso appannaggio purtroppo dei siti pornografici.

Alcuni progetti di *peer education* si occupano di insegnare come prevenire le infezioni sessualmente trasmesse, ma di piacere o valore non parla nessuno e resta un'area grigia delegata alla religione o ai genitori, che spesso sul tema sono in difficoltà essi stessi.

Restano Bacco e tabacco. Occorre valutare con attenzione la carica di interesse che si suscita nei giovani quando si parla di ciò che non si deve fare, mentre loro vedono qualcuno che lo fa e si diverte. In adolescenza il pericolo è cercato come fonte di adrenalina, quasi ad ancorarsi su esperienze elettrizzanti e totalizzanti per la paura di un cambiamento non gestito, disagi non compresi, noia e sensazione di essere invisibili. Prima di promuovere a scuola programmi che ostacolano le fonti di tossicità, occorre trovare forti motivazioni da condividere con i soggetti interessati. Saper ricostruire fonti di ricompensa salutare e al tempo stesso allenarsi sulla gestione dello stress sono i pilastri su cui fondare i programmi di attivazione dello spirito critico nei confronti dei sostituti del piacere o dei riduttori del disagio.

Quali sono le conseguenze dello stress durante l'infanzia e l'adolescenza?

La vita fetale, l'infanzia e l'adolescenza sono periodi della vita in cui l'individuo è particolarmente vulnerabile rispetto agli effetti dello stress acuto e cronico. In parallelo, queste fasi della vita sono cruciali per lo sviluppo nel futuro di possibili anomalie nel comportamento, nel metabolismo e nell'immunomodulazione.

Lo sviluppo cerebrale prevede la sovrapproduzione dei neuroni in utero: in tempi successivi, programmati in base alle diverse fasi dello sviluppo, parte di essi viene eliminata mediante apoptosi, mentre il numero delle connessioni viene ridotto tramite un meccanismo noto come "potatura sinaptica".

Nel 1979 Peter Huttenlocher ha dimostrato che la potatura delle sinapsi continua fino all'adolescenza [Huttenlocher, 1979]. Gli eventi stressanti alterano la capacità delle sinapsi di andare incontro a plasticità [Bains, 2015]. La perdita di percorsi ridondanti riduce la capacità di reagire a uno stress traumatico.

Alcune malattie psichiatriche ad esordio adolescenziale, come la schizofrenia, sembrano essere correlate a un deficit nella potatura delle sinapsi [Feinberg, 1982; Sekar, 2016].

Nell'infanzia e nell'adolescenza strutture cerebrali quali l'amigdala, l'ippocampo e il sistema mesocorticolimbico sono più vulnerabili agli effetti dello stress: alterazioni croniche nella secrezione di catecolamine e cortisolo determinate dalla risposta di adattamento allo stress creano un effetto plastico sulle strutture che regolano la gestione delle emozioni e sulla corteccia prefrontale con fenomeni che si ripercuotono sulle capacità intellettive e legate all'attenzione, sulla statura finale, sulla composizione corporea, arrivando anche a favorire l'insorgenza di obesità, sindrome metabolica e diabete mellito di tipo 2 [Pervanidou, 2012].

Inoltre l'amigdala, la parte del cervello deputata alla decodifica delle emozioni, si sviluppa in tempi lunghi e, quando lo stress agisce su di essa, diventa molto più ricettiva. Quando lo stress cronico agisce nelle fasi dello sviluppo, avviene una riprogrammazione dell'amigdala che predispone all'ansia. Se l'ansia diventa una caratteristica della personalità, il prezzo energetico che l'organismo deve pagare nel confronto con la realtà è molto pesante. Pertanto è importante promuovere programmi sul rinforzo delle abilità di vita (*life skills*, v. domanda 27) come fulcro per una buona salute mentale e quindi per scelte di vita consapevoli.

Una fonte di stress che determina disturbi dello sviluppo consiste nella privazione del sonno: per questo motivo va considerata con attenzione la digitalizzazione dell'informazione che induce i bambini e i giovani a connettersi con telefoni e computer fino a tarda notte.

Occorre tuttavia considerare l'insieme dei fattori in gioco: i bambini cresceranno più o meno vulnerabili a determinate malattie in base alla frequenza dello stress, alla modalità con cui lo si affronta e ai sistemi di protezione presenti.

Un dato significativo che emerge dagli studi scientifici è che lo stress psicosociale in gravidanza indurrà il bambino ad agire con maggior ansia nelle situazioni sconosciute. Si tratta di un'area di studio definita "trasmissione transgenerazionale della reazione allo stress", che forse permetterà in futuro interventi preventivi [Matthews, 2010].

Sovrappeso e obesità nei bambini e adolescenti sono collegabili a stress e depressione?

Nelle giovani adolescenti (14-19 anni) la depressione è spesso collegata all'obesità. Si nota infatti un collegamento fra l'indice di massa corporea, la massa grassa rapportata alla massa magra e l'incidenza di depressione.

Ma arriva prima la depressione o l'obesità? Negli studi condotti si è notato che quanto più giovani sono le ragazze in cui si manifesta lo stato depressivo, tanto maggiore è il livello di massa grassa presente. Per esempio le bambine che hanno vissuto uno stress da abuso sessuale – che rappresenta il trauma più grave e complicato che si possa subire – hanno, nella maggior parte dei casi, un alto indice di massa corporea e di massa grassa [Pervanidou, 2011]. Già a partire dall'età di 11 anni, i bambini che si rivolgono alle cliniche per il trattamento dell'obesità non presentano disturbi mentali e sembrano in buona salute, ma a un esame più approfondito si riscontra un livello di ansia e depressione più alto rispetto agli altri bambini.

In generale i bambini in sovrappeso o obesi presentano:

- un maggior livello di ansia e depressione. Può trattarsi di ansia di stato momentaneo o costante;
- un maggior livello di internalizzazione dei problemi, che è correlato anche a un livello notturno di ormone dello stress (cortisolo) più alto. Non è ancora stato studiato il livello di cortisolo nelle persone che esternalizzano problematiche relative all'aggressività.

Quindi non basta fare una valutazione del livello nutrizionale e del livello di attività fisica del bambino, ma è necessario aggiungere la valutazione dell'assetto comportamentale ed emozionale, cioè analizzare la sua reazione in caso di sollecitazione da stress e ansia.

La famiglia può essere uno *stressor*?

Le famiglie sono organizzazioni solitamente piccole in cui la presenza affettiva dovrebbe essere il tratto distintivo rispetto all'organizzazione ampia, che rischia di non valorizzare l'individuo. In realtà non si può dare per scontata la maturità affettiva dei loro componenti e non va trascurata la costante distanza generazionale che frequentemente crea attrito nelle relazioni genitori-figli. Durante le fasi della crescita, soprattutto durante l'adolescenza, i valori esistenziali trasmessi dai genitori vengono messi in discussione. È una prassi fisiologica che consente la maturazione di un personale filtro della realtà. Il passaggio evolutivo prevede il transito dall'autorità genitoriale all'autorità individuale, passando attraverso un flusso di dati che proviene dai valori dei coetanei e della società. In altri casi i valori familiari vengono introiettati a seguito di induzione di sensi di colpa e diventano carichi di aggressività. Quindi la famiglia, che rappresenta un potenziale contenitore protettivo, può trasformarsi, in alcuni casi, in una trappola, fino a bloccare in circuiti ripetitivi l'evoluzione dei suoi componenti.

John Bowlby, nella sua teoria sull'attaccamento, descrive il bisogno affettivo fisiologico presente fin dalla nascita in ogni individuo [Bowlby, 1999a; Bowlby, 1999b; Bowlby, 1983; Stevenson-Hinde, 2007]. Dalle risposte che si ottengono nelle prime fasi della vita, si strutturano le basi della personalità e anche i modi con cui si reagisce al cambiamento e allo stress. Tra i sistemi di adattamento allo stress, è molto importante quello governato dalla dopamina (sistema mesolimbico della ricompensa, v. domanda 39). Ricevere coccole e affetto attiva questo sistema producendo piacere e benessere: è la prima esperienza di ricompensa e piacere che si sperimenta in parallelo alla risposta collegata alla ricompensa nutrizionale.

Se per qualsiasi motivo la risposta affettiva tarda ad arrivare, si creano alcuni disguidi: il principale sistema di adattamento allo stress – l'asse ipotalamo-ipofisi-surrene (*Hypothalamic-Pituitary-Adrenal* – HPA) – si altera. Di conseguenza se un soggetto si è sentito rifiutato, potrà strutturare sistemi di difesa masochistici. In futuro preferirà trovarsi in situazioni di rifiuto e abbandono in quanto percepite come "familiari", invece di sentirsi bene in condizioni di accettazione e amore. Il paradosso è che risulta più vantaggioso per il risparmio energetico optare per l'autocolpevolizzazione: considerare di essere in un ambiente ostile costa molta energia, pertanto conviene ritenere di essere personalmente deficitari, anche perché la società occidentale in cui viviamo tende a tutelare i deficit piuttosto che le potenzialità. Le persone agiscono in modo più compassionevole di fronte alle lamentele piuttosto che in presenza della denuncia di un sopruso effettuata mantenendo la combattività. A causa di questo equivoco falliscono molti programmi sull'*empowerment*. Forse l'intento dichiarato di promuovere lo sviluppo dei soggetti fragili si scontra con il timore che diventino più combattivi.

È compito del terapeuta o dell'educatore riconoscere i tratti della personalità anche dei soggetti più fragili per trarne il massimo vantaggio terapeutico (puntando, per esempio, sulla sensibilità e sull'intuitività).

La società digitale, i social network e la gestione della privacy rappresentano i nuovi *stressor*?

La società digitale, i social network e la gestione della privacy sono certamente nuovi *stressor*.

Il ruolo del terapeuta è quello di implementare le *life skills* (v. domanda 27), tra cui lo spirito critico, che aiuta genitori e figli nella costruzione del proprio regolamento sull'utilizzo dei social network, nella formazione necessaria per capire vantaggi, limiti, pericoli e fasi dell'età più funzionali alle diverse forme di comunicazione digitale. Ovviamente l'esempio dato dagli adulti sarà una delle azioni più significative nella formazione: essi stessi devono credere nell'importanza di aggiornarsi nel campo multimediale, di trasporre il proprio codice etico anche nella società digitale e di mettere in guardia dal rischio di dipendenza e di riduzione del contatto con la realtà che ne può derivare. Vanno affrontati i temi della privacy, del diritto esercitabile sull'utilizzo della propria immagine, dei rischi di manipolazione di essa, del pericolo riguardante la circolazione di immagini non autorizzate a scopo di derisione, intimidatorio o diffamatorio, fino ad arrivare al pericolo dello sconosciuto che si cela dietro falsa identità per scopi illeciti.

Anche se esiste una legge che regolamenta l'utilizzo dei social network e prevede che vi siano limiti di età per evitare le insidie della rete, il genitore di un minorenne deve, ad esempio, controllare i possibili rischi che incontra il proprio figlio nel corso del loro utilizzo.

Gli operatori che assistono i giovani nelle fasi dello sviluppo sono chiamati a presentare e monitorare vantaggi e rischi della digitalizzazione in corso, adottando una gestione il più possibile autorevole e trasparente.

Occorre anche avvisare i più giovani che i metodi che vengono utilizzati per adescare le vittime sono piacevoli e gentili allo scopo di ottenere fiducia e disponibilità.

Inoltre, gli input sensoriali e luminosi fino a tarda sera a cui si espongono i giovani nell'età delle chat possono generare pubertà precoce e insonnia. Occorre pertanto regolamentarne l'utilizzo, ma lo stile educativo dipende dal genitore che chiede consulenza al terapeuta. La curiosità dei ragazzi nei confronti di questo mondo così diffuso e incomprimibile può essere un'opportunità per consigliare a genitori impauriti e a ragazzi digitali di convergere. L'obiettivo da proporre è una sorta di *empowerment* reciproco (manualità digitale *versus* aneddoti, visione di video divertenti, filmati e testi delle canzoni) che può far emergere molte informazioni sul vissuto del giovane e sulle sue frequentazioni, senza rendere i genitori troppo invadenti.

Per dare un'idea dei pericoli della rete, uno dei rischi del suo uso da parte dei minori è l'ipersessualizzazione online, che comporta a sua volta:

- l'anticipazione età rapporti sessuali (12-13 anni);
- l'atteggiamento seduttivo come normalità;
- il bullismo a carattere sessuale;
- il rinforzo dell'atteggiamento narcisistico;
- l'eccessiva preoccupazione per l'immagine del corpo.

IV. Stress ed elementi psicologici

La felicità non dipende dalle cose esterne, ma dal modo in cui le vediamo.
Lev Tolstoj

Qual è il rapporto tra lo stress e la prosocialità?

Il comportamento prosociale si manifesta quando una persona ne aiuta un'altra volontariamente e intenzionalmente mettendo a disposizione temporaneamente le proprie risorse [Eisenberg, 1987].

Un crescente numero di ricerche descrive situazioni in cui lo stress promuove comportamenti prosociali come l'empatia e l'altruismo [Taylor, 2000; de Waal, 2010].

La ricerca e la teoria suggeriscono che gli individui sotto stress reagiscano in modo prosociale quando l'obiettivo del loro intervento è vulnerabile, angosciato, socialmente legato o interdipendente e quando l'osservatore non teme per la propria incolumità o sicurezza, non ha obiettivi personali contrastanti e sa che cosa deve essere fatto [Buchanan, 2014; Preston, 2013].

In contrasto con il classico modello di riduzione della tensione [Hull, 1943], secondo il quale il ritorno all'omeostasi è il principale motore che spinge ad aiutare altre persone in difficoltà con l'obiettivo di ridurre la propria eccitazione in risonanza con il disagio altrui [Batson, 1987], gli studi più recenti, sopra citati, riportano l'aspetto gratificante esercitato dal fatto di prendersi cura di qualcuno.

In definitiva si riconoscono due aspetti quasi opposti per cui per alcuni lo stress determinato dalla sofferenza altrui induce un atteggiamento di aiuto spontaneo, nel tentativo di annullare la propria sofferenza entrata in risonanza con l'ambiente esterno. Per altri il fatto di poter aiutare qualcuno a stare meglio è gratificante di per sé e contrasta lo stress.

Va posta attenzione alla fisiologia di questi aspetti e alla possibile psicopatologia che si innesca quando tra "aiutante" e "aiutato" lo schema si ripete in modo sistematico, senza che ci sia evoluzione tra le parti. Si può in tal caso creare una relazione distorta in cui chi aiuta si sente indispensabile e chi è aiutato si sente in diritto di avere tale sostegno. Poiché lo stress in generale dovrebbe rappresentare una sollecitazione al cambiamento evolutivo per garantire la sopravvivenza, è diverso mettere in atto un intervento prosociale temporaneo o permanente.

L'intervento prosociale dovrebbe nella migliore delle ipotesi sortire un effetto anche a medio-lungo termine, mettendo in grado la persona o la comunità che viene aiutata ad aumentare il controllo sui determinanti della propria salute psicofisica per affrancarsi dal bisogno.

In che modo lo stress individuale interagisce con lo stress sociale e impatta sulla salute?

La perdita di controllo è una perdita di omeostasi sia per l'individuo sia per la società, tipica dei momenti di cambiamento. Ci saranno conseguenze diverse a seconda del modo in cui l'una o l'altra parte decideranno di recuperare il controllo stesso.

Lo stress principale per l'individuo consiste nel gestire la percezione interna di sé e la sua manifestazione nella realtà esterna. Lo stress della realtà sociale è quello di manifestare se stessa ritenendo di avere la soluzione per gestire al meglio gli individui nel loro complesso e in quanto comunità. Quindi, in base all'approccio sociale di una comunità, se essa promuove la libertà dell'individuo e la sua realizzazione come vantaggio della comunità stessa, o se la teme e preferisce governare gli individui per mantenere l'equilibrio, l'individuo dovrà vivere la realtà in modo diverso. Lo stress ha a che fare con la quota di accettazione dei compromessi tra le parti e con l'equilibrio consapevole raggiungibile tra esse. Tanto più un soggetto delega le sue quote di libertà alla società, affidandosi ad essa, tanto più la società dovrebbe sopperire ai suoi bisogni. Tanto più il soggetto ritiene di voler manifestare le sue potenzialità senza delegare troppe quote alla società, tanto più percepisce le regole di massa come uno *stressor*.

Queste dinamiche dipendono da un eterno flusso di scelte, sottoposto all'evoluzione ambientale. L'incrocio di queste dimensioni con la propria coscienza, così come dice Tolstoj alla fine del XIX secolo nel suo saggio "Perché la gente si droga?" [Tolstoj, 2008], può schiacciare o far evolvere il pensiero critico del soggetto e delle società.

Per quanto riguarda lo stress individuale, il terapeuta è tenuto a comprendere la tendenza dell'individuo (delegante con tendenza alla palliazione della crisi interiore o con richiesta di *empowerment*) per scegliere e mettere in atto l'approccio che consenta la miglior compliance del paziente.

In quale misura i pensieri generano stress?

Se una persona passa dal pensiero libero a quello ripetitivo, sta cercando di trovare risposta a una situazione importante non compresa. Il pensiero consuma molta energia psichica costringendo l'individuo a cercare, sia nella memoria interna (ippocampo) sia in quella esterna (esperienza altrui, internet, consulenze), situazioni analoghe per confrontarle con quella in corso, allo scopo di verificare la miglior soluzione per l'adattamento. Se la soluzione non è soddisfacente, il pensiero diventa "ruminazione, rimuginio" [Michl, 2013] (v. domanda 37) e incide sul bilancio energetico dell'individuo (ad esempio con la fame nervosa, v. domanda 21). Il meccanismo di adattamento, in questi casi, invece di promuovere un'evoluzione adattativa, induce esaurimento delle riserve. Il pensiero rimuginante attiva quella condizione definita "infiammazione di basso grado" [Straub, 2015] che è funzionale alla liberazione in circolo di una quantità costante di energia. A tale proposito bisogna essere sicuri di avere sempre "carburante" a disposizione. Il sistema dello stress, con il suo principale ormone che è il cortisolo e ha effetto catabolico, provvede a questo scopo.

Se al contrario un ricordo è positivo, esso rinforza la capacità di trovare piacere, rilassamento e ricompensa. La psicologia positiva studia questi aspetti. In particolare, gli effetti dell'immaginazione e il ricordo di esperienze piacevoli sono in grado di equilibrare l'attività cerebrale funzionando come meccanismo antinfiammatorio.

Perché le emozioni possono essere stressanti?

Le emozioni sono segnali che arrivano al nostro sistema percettivo in quanto perturbatori dell'equilibrio. Se esse vengono riconosciute, elaborate e soprattutto regolate nella loro intensità, a breve si ottiene il ripristino dell'omeostasi. Il risultato può essere evolutivo o statico: in ogni caso si tratta di un sistema di conoscenza della realtà in cui gli esseri umani si muovono.

Se le emozioni sono ingestibili, per scarsa consapevolezza di esse o per intensità superiore al filtro di sopportazione, possono determinare condizioni di allerta costante e quindi stress. Un fenomeno chiamato "amplificazione somatosensoriale" [Sayar, 2005] descrive la tendenza di persone che hanno avuto un vissuto emozionale instabile ad aumentare il segnale dato dalle emozioni stesse, perseguendo un istinto atavico di sopravvivenza della specie: con la speranza che il segnale più forte promuova la salvezza dal pericolo, si rischia di creare allarme esagerato ove non necessario. Questo fenomeno determina la sintomatologia ansiosa che spesso si manifesta in caso di persone motivate e idealiste, che per lo sforzo protratto hanno consumato le risorse disponibili.

Le emozioni hanno un risvolto fondamentale nelle tecniche di apprendimento, prova ne sia che l'esito di un compito dipende innanzitutto da quale risultato ci si aspetta di raggiungere: sentirsi bravi nel fare qualcosa e aspettarsi di farlo bene sono buoni punti di partenza per avere successo. Attribuire a sé stessi i meriti del risultato e anche del fallimento sono motori di crescita mediati dalle emozioni, attivatrici dei nostri sistemi di adattamento neuroendocrino e psichico. Perfino l'umore con cui si impara gioca un ruolo di potenziamento: è più facile ricordare qualcosa se si ha lo stesso tono dell'umore del momento dell'apprendimento.

L'ansia riguardo al dolore incide sulla percezione del dolore?

Nella relazione terapeuta-paziente occorre tenere conto del fatto che le emozioni negative influiscono in modo sostanziale sulla percezione del dolore: sono, infatti, buoni indicatori del comportamento relativo al dolore, secondo la regola «più intenso lo stato emotivo, più intenso il dolore» [Benedetti, 2012].

In generale, l'umore positivo diminuisce la percezione del dolore, mentre quello negativo la aumenta. Quando si informa il paziente che si sta per somministrare uno stimolo doloroso, si inducono delle emozioni negative che possono determinare un'amplificazione del dolore percepito [Colloca, 2008]. Mentre nell'iperalgesia indotta dal timore di ricevere uno stimolo doloroso si ottiene un aumento del dolore, nell'analgesia da stress si verifica uno spostamento del bersaglio e il dolore diminuisce. Infatti il fattore stressogeno ambientale può allontanare almeno temporaneamente l'attenzione dal dolore [Benedetti, 2007]. In caso di dolore, pertanto, l'attenzione gioca un ruolo fondamentale. Anche la rabbia agisce in modo significativo sul dolore, soprattutto quella verso di sé [Okifuji, 1999]: si è riscontrata una riduzione degli oppioidi endogeni in presenza di rabbia [Bruehl, 2002].

Inoltre le aspettative negative derivanti dall'incontro clinico possono produrre l'effetto nocebo. Nello specifico, la ricerca sull'effetto nocebo indica che la divulgazione di informazioni sui potenziali effetti collaterali può di per sé contribuire a produrre effetti avversi [Benedetti, 2007]. I processi neurobiologici hanno un ruolo nell'effetto nocebo. La risposta nocebo è influenzata dal contenuto e dal modo in cui le informazioni vengono presentate ai pazienti negli studi clinici. Gli effetti nocebo influenzano negativamente la qualità della vita e l'aderenza alla terapia, sottolineando la necessità di ridurre al minimo queste risposte nella misura del possibile. Le prove indicano inoltre che il processo di consenso informato nelle sperimentazioni cliniche può indurre effetti nocebo [Myers, 1987; Miller, 2011].

Si aprono scenari molto importanti in merito alle indicazioni etiche sia per la futura ricerca orientata al paziente sia per la pratica di routine [Colloca, 2011]. Che si tratti di un condizionamento proveniente dal terapeuta o delle distorsioni cognitive proprie del paziente (la vocina interiore che dice: «Tu non ce la farai»), è bene riconoscere l'impatto delle convinzioni personali in merito alla salute e aiutare il paziente a costruirne di nuove e positive.

Quanto risulta importante il senso di merito nella gestione dello stress?

Il merito «indica il diritto che con le proprie opere o le proprie qualità si è acquisito all'onore, alla stima, alla lode, oppure a una ricompensa (materiale, morale o anche soprannaturale), in relazione e in proporzione al bene compiuto» [AA.VV., 2017b] e consente di percepire la correttezza della ricompensa. Poiché il sistema ancestrale (limbico) su cui si erige l'eterna ricerca di piacere da parte dell'essere umano si basa sulla ricompensa (v. domanda 39), il senso di merito rappresenta la possibilità di nutrire se stessi in caso di conquiste.

Il senso di merito si costruisce quando si percepisce di aver modificato la realtà interiore o esteriore, contribuendo a un cambiamento che migliora la qualità della propria vita o di quella delle persone per le quali si nutre affetto. Per meritare ricompense bisogna desiderare il cambiamento. L'ormone dedicato alla traduzione biochimica del desiderio è la dopamina, che spinge a sopportare fatiche e sacrifici per raggiungere un obiettivo. Se il senso di merito è difettoso o assente, si fatica all'infinito senza arrivare mai alla ricompensa, che è necessaria in quanto, oltre a dare un senso di piacere, gratifica e regolarizza i meccanismi metabolici, permettendo di rilassarsi e riposare fino alla sfida successiva. Si tratta di un sistema importante per recuperare energie.

Lo stress è uno stimolo essenziale per effettuare uno sforzo destinato a produrre un cambiamento o per affrontare una nuova situazione presente nell'ambiente. La quantità di sforzo sopportabile viene però esaurita quando si supera un determinato limite che nuoce agli organi e ai tessuti. A quel punto, se la ricompensa non è stata ancora ottenuta, subentra il dolore che, in modo fisiologico e naturale, ferma la ricerca del piacere per la salvaguardia del proprio organismo. Se invece lo stress è temporaneo e successivamente arriva la ricompensa, il flusso di dopamina che si produce traduce tutto questo in sensazione di piacere. Se, ad esempio, ci si pone un obiettivo e lo si raggiunge, la conferma interna consolida il risultato e il senso di autoefficacia rende pronti per affrontare altre sfide.

Che cos'è il senso di colpa?

La colpa in senso giuridico è la responsabilità di un evento dannoso arrecato ad altri. La colpa in senso filosofico, invece, si basa sull'osservazione di adeguatezza dell'uomo con il suo essere nei confronti del dovere e del ricordo. Per i filosofi cristiani la colpa è legata indissolubilmente a un messaggio religioso di peccato con conseguente redenzione.

Il senso di colpa è una manipolazione dominante da parte di chi intuisce le fragilità del soggetto. Esso può indurre ad assumere comportamenti derivanti da componenti della personalità introiettate nel periodo dello sviluppo.

Freud negli anni Venti scriveva che il senso di colpa dipende dal complesso "devi/non devi", che viene assorbito dalla personalità come un Super Io, cioè come istanza di controllo della mente [Freud, 2010]. La differenza fra l'autorità dei genitori, che agisce durante l'infanzia, e il Super Io consiste nel fatto che, se i genitori possiedono la conoscenza di molti aspetti della vita, il Super Io crede di possederla su tutto. In attesa che il Super Io si sperimenti, i genitori agiscono da sostenitori durante la crescita. Quando questi meccanismi sono noti non ci sono molti problemi; diventa invece difficile affrontare il Super Io quando questo diventa inconscio. Invece di crescere e sostituire i genitori, esso si adagia su regole e ordini esterni e, sentendosi incompreso, si ribella. Quindi il disagio di aver aderito ad autorità non autentiche comporta il desiderio di scoprire la vera autorità, fino a diventare un'ossessione. Finché il modello vecchio di conoscenza non viene sostituito dal nuovo, la precarietà nutre ora l'una ora l'altra parte del Super Io, generando un senso di tradimento reciproco interno.

Nel senso di colpa si riconoscono le radici del *locus of control* interno ed esterno («modalità con cui un individuo ritiene che gli eventi della sua vita siano prodotti da suoi comportamenti o azioni, oppure da cause esterne indipendenti dalla sua volontà» [Rotter, 1990]). Per superare il senso di colpa occorre riconoscere le responsabilità di crescere nelle potenzialità nonostante l'ostilità ambientale, valorizzare il coraggio di sbagliare in un contesto avverso e avere la lungimiranza di capire che non tutto ruota attorno al proprio comportamento, ma ci sono elementi che fanno parte di un insieme non sempre comprensibile.

Le persone con il senso di merito disfunzionale e il senso di colpa ipertrofico hanno il senso di felicità invertito, cioè sono felici quando vengono punite. Invece coloro che hanno il coraggio di costruire un proprio sistema di valori al di là dell'input ricevuto dall'esterno sanno procurarsi gioia nel successo.

Quanto incide la paura di sbagliare sulla gestione dello stress?

Coloro che percepiscono un continuo senso di assedio e a seguito dello stress cronico percepito cominciano a manifestare segni e sintomi di disordine metabolico e dolorosi hanno difficoltà di concentrazione. Spesso tali persone sono indotte a pensare in modo disfunzionale, a prendere decisioni sbagliate e a rendere meno nel lavoro o nello studio. Gli errori nei quali si incorre possono far crescere la paura di sbagliare in modo incontrollato e farla diventare la causa principale di nuovi errori. Si rischia, in questi casi, di dar vita a un circolo vizioso che, se non viene interrotto, si automantiene. Le conseguenze somatiche dell'attivazione continuata o intermittente dello stress e della sindrome da malattia (*sickness syndrome*) possono essere ugualmente devastanti, se non peggiori, delle conseguenze comportamentali [Charmandari, 2005].

L'errore, d'altra parte, è connaturato all'assunzione di rischi e all'esperienza. Se ben riconosciuto e interpretato evitandone la ripetizione, è un indicatore che può consentire una crescita esperienziale. Nelle persone con il senso di merito disfunzionale e il senso di colpa ipertrofico, l'errore concorre al contrario a confermare l'assenza di merito e a perdere la speranza di poter ottenere una ricompensa. Nella nostra epoca, in cui il cambiamento in corso induce particolari livelli di stress, il fatto che l'errore sia meno esperienziale ma più virtuale fa sì che la percezione dell'impatto delle proprie azioni sulla realtà possa essere deformata e l'errore non è più un "maestro di vita". Nell'ambito della tecnologia un errore può essere cancellato.

Comunicando attraverso i social network vengono messi in evidenza solo i lati migliori e si crea un'immagine di sé che non ammette errori. Pertanto risulta sempre più difficile commettere errori che possano risultare utili dal punto di vista esperienziale. Questo mancato allenamento all'errore può portare a compierne di molto grandi o a evitarli completamente. Tentare di nascondere gli errori senza capire perché si sono verificati o evitare di fare qualsiasi azione immaginando le conseguenze sono atteggiamenti non costruttivi e impediscono di creare delle occasioni di crescita.

Dal momento che le scoperte spesso dipendono proprio dagli errori, occorre cimentarsi in sfide nuove, accettando anche la possibilità di sbagliare e decifrando le cause degli eventuali errori per affinare le proprie armi di ricerca. Per permettersi scoperte ed errori accettabili, cioè sbagliare con coscienza senza mettersi in pericolo e mantenendo la consapevolezza, è necessario saper gestire bene lo stress e i sintomi che incidono sulla concentrazione e sulla lucidità del pensiero.

Quanto incide avere un buon senso della felicità sulla gestione dello stress?

Se il senso della felicità è autentica espressione di sé, esso rappresenta un sistema di adattamento temporaneo che consente di gestire lo stress attraverso una pausa rigenerante con recupero di energia e riposo.

Se il senso della felicità è manipolato, invece di nutrire la crescita personale ed esperienziale si fa sedurre da surrogati commerciali o sociali standardizzati pronti all'uso ed è vincolato a credenze riguardanti la ricchezza economica in quanto potere di acquisto di beni e identità.

Se il senso di felicità è stato manipolato, la ricostruzione della sua funzione è delicata. Alcuni soggetti sono disponibili a compiere un percorso di riappropriazione dell'autentica felicità che consenta di ricostruire la propria identità, mentre altri ostacolano il terapeuta per via del loro senso di colpa (v. domanda 66). Coloro che riescono a resistere a questa provocazione diventano resilienti (v. domanda 29): la mitologia e le fiabe spesso propongono questo tipo di prove.

Occorre proteggersi in modo adeguato in questo delicato momento di cambiamento, altrimenti può accadere che il corpo agisca rispondendo con travestimenti disfunzionali, che possono sfociare, ad esempio nell'obesità e nella depressione.

In che modo lo stress genera vittimismo?

Uno dei sistemi prediletti dalla società attuale sotto stress è il falso senso di resa che disarma l'avversario, lo fa avvicinare e poi lo attacca quando è vicino. Si tratta di un meccanismo già presente nei giochi dei bambini, e da adulti questo sistema può diventare uno strumento di difesa molto potente.

La capacità di togliersi dalla traiettoria di un fattore di rischio particolarmente lesivo per il proprio organismo, come la presenza nella propria vita di una persona aggressiva, una richiesta o un ordine fisico o mentale contro natura, rappresenta sicuramente un segnale di salute e di equilibrio nella reazione fisiologica.

Quando questa abilità viene esasperata al punto tale che il soggetto percepisce un vantaggio ogni volta che si sottrae da una situazione, si mette in atto la strategia che in termini psicologici viene definita "evitamento", che risulta comoda e rassicurante, non espone a rischi e non è suscettibile di errore. Si ottiene così una breve pausa dai sensi di colpa e dalla percezione dell'errore. Quando l'evitamento è cronico diventa apatia o vittimismo.

Il vittimismo potrebbe essere attribuito a una reale situazione di vessazione del soggetto, che, a seguito di accadimenti sventurati, si ritrova ad accumulare problemi e ostacoli che impediscono ulteriormente qualsiasi reazione o movimento, oppure potrebbe essere collegato a un infantile senso di non appagamento e all'incapacità del soggetto di procurarsi ricompense. In ogni caso si tratta di un meccanismo secondo il quale la ricompensa è collegata alla riduzione della spesa e al nutrimento gratuito. Le persone vittimiste hanno rinunciato a crescere e credono che gli altri debbano occuparsi di loro. Regressione infantile o atteggiamento di comodo?

La vittima, che non è riuscita a farsi amare come avrebbe desiderato, cerca sempre di ottenere un livello di attenzione tale da compensare il suo "fabbisogno energetico" proveniente dalla realtà sociale circostante. Tipicamente queste persone esordiscono dicendo «Ti rubo un attimo» o «Scusa se ti disturbo» o piangono per una situazione di disagio, ma appena si cerca di aiutarle a risolverla fornendo loro le competenze adeguate, dicono «Fai tu, perché io non sono capace»; successivamente reiterano tale comportamento al presentarsi di una nuova difficoltà. Freud ne parlava negli anni Venti in termini di vantaggio secondario: si tratta di persone che con le loro abilità non riescono a ottenere ciò che vogliono, ma non intendono impegnarsi a capire come fare, per ignoranza, paura o pigrizia [Freud, 2010]. Se la vittima si struttura e si identifica con questo ruolo, mette in atto una forma di consolazione errata, una sorta di gioco di dipendenze, non certo di aiuto alla crescita.

Se il paziente tende a descriversi come vittima degli eventi, occorre comprendere in che termini non riconosce sufficienti risorse interne nella sua personalità e se ha bisogno di recuperare energie. Il passaggio successivo è quello di portarlo ad assumersi responsabilità e rischi alla sua portata, mediante l'acquisizione di *life skills* (v. domanda 27) e una corretta analisi della realtà. L'esperienza va ricostruita in quanto deviata al risparmio e alla facilità di mentire a se stessi per giustificare le non scelte.

In che modo l'autoefficacia aiuta a gestire lo stress?

Il Dottor Albert Bandura, un influente psicologo sociale, ha coniato il termine "autoefficacia" per descrivere le credenze interne delle persone sulla propria capacità di avere un impatto sugli eventi che influenzano le proprie vite [Bandura, 1977]. Per "autoefficacia" si intende la convinzione di essere efficaci come persone, sia in termini generali di gestione della vita, sia in particolare per quanto riguarda la gestione competente dei compiti individuali.

Nel contesto dello stress, l'autoefficacia descrive le personali convinzioni sulla capacità percepita di gestire situazioni stressanti. Una grande quantità di ricerche ha dimostrato in modo convincente che alti livelli di autoefficacia diminuiscono la percezione di sentimenti di stress negativo e aumentano il senso di padroneggiamento delle situazioni nuove. La percezione di avere il controllo (piuttosto che averlo realmente) è un importante cuscinetto nei confronti dello stress negativo. Quando le persone sentono di non avere il controllo, iniziano a sentirsi stressate, anche se in realtà lo possiedono e semplicemente non lo sanno [Mills, 2008].

L'autoefficacia rientra tra le principali *life skills* (v. domanda 27) che l'OMS promuove per una buona salute [World Health Organization, 1997]. Tuttavia l'autostima collegata all'autoefficacia deve essere presente nella giusta misura, come sempre nella fisiologia funzionale: un eccesso di percezione della propria autoefficacia e autostima può portare a evitare situazioni stressanti per non rischiare di essere smentiti mettendosi in gioco. Inoltre un senso di autostima esagerato può sfociare nella prepotenza e paradossalmente mascherare la paura di mettersi in gioco, diventando, così, un meccanismo di difesa. Si tratta del solito schema che Yerkes e Dodson raffigurano con la curva dello stress [Yerkes, 1908; Diamond, 2007] (v. domanda 6): poca autoefficacia corrisponde alla sezione sinistra della curva, che richiama uno stato di pigrizia nell'azione o di sfinimento per troppe esperienze negative. Molta autoefficacia corrisponde a molte esperienze e a resilienza o ad arroganza.

Il compito del terapeuta è quello di intuire lo stato d'animo del paziente per condurlo a costruire il proprio filtro della realtà, che favorisca il più possibile lo spirito critico e la capacità di valutare positivamente le sfide evolutive.

Che cosa sono le credenze disfunzionali e in che misura incidono sulla gestione dello stress?

Nella vita di tutti i giorni spesso ci si confronta con comportamenti radicati, dovuti alla propria educazione, e con comportamenti adattivi all'ambiente. A livello cerebrale, pertanto, si crea una competizione tra ciò che si pensa essere corretto e ciò che si sta apprendendo in quel momento come corretto (ad esempio la guida a destra o a sinistra nel continente europeo o in Inghilterra).

Quando si attiva un conflitto fra due scelte comportamentali, se non si ha energia a sufficienza per cambiare le proprie credenze, ci si blocca su comportamenti legati a esperienze passate emotivamente molto coinvolgenti, ma fallimentari. La vecchia credenza, in questi casi, diventa disfunzionale e blocca il cambiamento. Essere convinti che lo stress sia un male per se stessi può portare inoltre a un più alto carico sintomatico somatico quando aumentano i livelli di stress. Come sottolineato da Keller, questo processo assomiglia a una profezia che si autoavvera [Keller, 2012].

I meccanismi potenzialmente sottostanti stanno cominciando a essere svelati dai recenti progressi nella ricerca dell'effetto nocebo, che afferma che i sintomi peggiorano come conseguenza di aspettative negative [Enck, 2008] (v. domanda 64). I circuiti di ricompensa cerebrale, così come l'ansia e la successiva attivazione sia della colecistochinina (CCK) sia dei sistemi ipotalamo-ipofisi-surrene (HPA), sembrano facilitatori cruciali di questi effetti [Fischer, 2016].

La percezione negativa dovrebbe far evitare di ripetere in futuro la scena che ha fatto soffrire. È importante ricordarsi che quando ci si sente sfiniti per qualche motivo, sia per il calo di energia sia per sfiducia nelle proprie capacità, le credenze "vecchie" si ripresentano.

Che cosa facilita la formazione del sentimento di fiducia?

È stato ipotizzato che l'ossitocina, l'ormone riconosciuto per il suo ruolo di facilitatore delle interazioni sociali, comporti la formazione del sentimento di fiducia. L'ossitocina è considerata benefica per la salute mentale a causa dei suoi effetti ansiolitici, prosociali e antistress, ma è recentemente emersa anche l'evidenza di azioni ansiogene dell'ossitocina negli esseri umani [Guzmán, 2013; Miller, 2013].

L'ossitocina ha una doppia faccia: infatti oltre ad attivare fiducia e amore, sembra che, in persone particolarmente predisposte, determini un potenziamento di emozioni negative come l'aggressività, l'invidia o il godimento in caso di disgrazie altrui. Come spesso accade in fisiologia, si può dedurre che lo stesso meccanismo che inizialmente favorisce la percezione di benessere, possa dare anche esiti opposti. Potrebbe trattarsi di una tutela del soggetto nei confronti di nuove esperienze. Se il vissuto è percepito come una serie di fallimenti e attacchi continui che colpiscono il capitale di energia, presumibilmente la sopravvivenza seleziona l'isolamento come carattere protettivo [Chrousos, 2009].

Per costruire fiducia, la persona ha bisogno di tutte le *life skills* [World Health Organization, 1994] (v. domanda 27) in quanto la sua capacità di sperimentarsi nell'ambiente e di accettare di correre dei rischi ragionevoli fa superare l'isolamento. La fiducia è essenziale per scoprire nuovi percorsi evolutivi ed è collegata a un altro meccanismo naturale: l'ottimismo (v. domanda 98).

V. Lo stress lavoro-correlato

Se c'è soluzione perché ti preoccupi?
Se non c'è soluzione perché ti preoccupi?
Aristotele

Qual è la relazione tra stress e lavoro?

Dal punto di vista individuale, al di là del contesto esterno, ciascuno lavora in modo diverso e vive il lavoro come soddisfazione, peso o routine in base al proprio percorso di vita e alla coerenza con esso. Secondo lo psicologo Csíkszentmihályi, il lavoro è una delle prime cause di soddisfazione per l'essere umano in quanto gli consente di misurarsi sulla base delle proprie abilità, sul senso di autoefficacia e di piacere nel determinare la realtà circostante [Csíkszentmihályi, 2007]. Se il lavoro è stato scelto come ripiego, se non corrisponde alle aspettative o alle competenze reali dell'individuo, può essere vissuto come un obbligo da ottemperare per il sostentamento, relegando al tempo libero la ricerca di soddisfazioni e ricompense.

Occorre quindi chiedersi:

- se si lavora in un'organizzazione in cui il gruppo di lavoro dove si è inseriti è composto da persone che prevaricano o sono poco empatiche;
- se il proprio lavoro è necessario per ottenere quell'energia minima che consente di soddisfare i bisogni esistenziali primari;
- se il proprio capo è eccessivamente autoritario;
- se la gestione del proprio tempo e degli introiti è diretta o dipende dagli altri.

Tra i benefici determinati da un'organizzazione creativa che si evolve continuamente si annoverano il maggior profitto, l'incremento del benessere psicologico e la riduzione dello stress. In generale, lo stato di benessere percepito viene collegato alla personalità, alle risorse con cui l'individuo sa fronteggiare lo stress, alle risorse disponibili sul posto di lavoro, alla presenza di un clima organizzativo creativo, alla leadership e al carico di lavoro.

Coloro che sono maggiormente soddisfatti della propria vita personale e lavorativa nell'ambiente lavorativo risultano più collaborativi e altruisti, più puntuali e meno assenti per malattia.

Che cos'è il *burn-out*?

Si parla di *"burn-out"* quando una persona, lavorando, consuma più risorse di quante ne riceva, determinando una situazione di deficit nel bilancio di salute psicofisica. Che si tratti di carico di lavoro troppo alto, di attacco alla dignità, di retribuzione inadeguata o di isolamento sociale, il risultato non cambia. Per evitare di arrivare allo sfinimento o di vivere nel rischio che il posto di lavoro assorba tutta l'energia di un individuo, ci si deve avvalere di fattori di protezione e di contesti che promuovono la salute.

Nel grafico di Yerkes e Dodson [Yerkes, 1908] (v. domanda 6), le persone in *burn-out* si collocano all'estrema destra della curva. Quando invece entreranno nella cosiddetta "fase di recupero", tendenzialmente queste stesse persone risulteranno all'estrema sinistra della curva: in tale fase la depressione e l'apatia possono rappresentare il tentativo di recuperare energia da parte dell'organismo e quindi, benché determinino un disagio profondo, vanno rispettate e trattate con cautela. Infatti la stimolazione volta al mantenimento della performance in un organismo che ha esaurito le riserve metterebbe a serio repentaglio le funzioni metaboliche e andrebbe a intaccare le riserve dell'organismo, con rischio di cacostasi e patologia organica.

In che cosa consiste lo stress lavoro-correlato?

«Lo stress legato all'attività lavorativa si manifesta quando le richieste dell'ambiente di lavoro superano la capacità del lavoratore di affrontarle (o controllarle)» [Agenzia europea per la sicurezza e la salute sul lavoro, 2002].

Viene descritto come una «condizione che può essere accompagnata da disturbi o disfunzioni di natura fisica, psicologica o sociale ed è conseguenza del fatto che taluni individui non si sentono in grado di corrispondere alle richieste o aspettative riposte in loro» [CES, 2004]. Esso costituisce uno dei principali problemi sanitari negli ambienti di lavoro.

Lo stress connesso con il lavoro può influire negativamente sulle condizioni di salute e provocare perfino infortuni.

Attraverso i numerosi studi sullo stress [Arcuri, 2011] è stato possibile individuare i seguenti indicatori di malessere, che devono far scattare l'allarme circa le condizioni di salute:

- insofferenza nell'andare a lavoro/assenteismo;
- disinteresse per il lavoro/desiderio di cambiare lavoro;
- alto livello di pettegolezzo;
- risentimento per l'organizzazione;
- aggressività inabituale e nervosismo;
- disturbi psicosomatici;
- sentimento di inutilità/irrilevanza;
- sentimento di disconoscimento;
- lentezza nella performance;
- confusione organizzativa in termini di ruoli, compiti, ecc.;
- venire meno della propositività a livello cognitivo;
- aderenza formale alle regole e anaffettività lavorativa.

Come si valuta lo stress lavoro-correlato?

La valutazione del rischio di stress lavoro-correlato ha come obiettivo l'individuazione di fonti e fattori di stress all'interno dell'ambiente lavorativo e di soggetti che presentano alcuni sintomi di stress lavoro-correlato o che lo manifestano in modo conclamato.

Esistono diversi sistemi per la valutazione e la gestione dello stress lavoro-correlato che si rifanno a vari modelli teorici di riferimento.

In Italia una metodologia di analisi organizzativa che comprende la raccolta di dati oggettivi dall'azienda e di dati soggettivi mediante un apposito questionario prevede la suddivisione dei fattori che favoriscono lo stress lavoro-correlato in cinque categorie:

1. «caratteristiche del lavoro (contenuto del lavoro, aspetti quantitativi e temporali, possibilità di controllo, ecc.);
2. condizioni fisiche dell'ambiente di lavoro (igiene, rischio chimico, fisico, biologico, ergonomico, ecc.);
3. fattori socio-organizzativi (clima, stile di *management*, possibilità di carriera, pari opportunità, sicurezza del posto di lavoro, ecc.);
4. rapporti interpersonali con i capi e nel gruppo di lavoro;
5. difficoltà di conciliazione tra tempi di vita e tempi di lavoro (carico familiare, rete sociale, distanza casa-lavoro, ecc.» [Arcuri, 2011].

Occorre tenere in considerazione anche le reazioni prodotte dallo stress sui lavoratori (di tipo psicologico, fisiologico e comportamentale) e i loro effetti su comportamento lavorativo (in termini di motivazione ed efficienza) e salute (ipertensione, malattie cardiovascolari, malattie gastrointestinali, depressione, ecc.). Le reazioni acute, e quindi l'efficienza lavorativa e il rischio di malattie, sono mediate da fattori individuali (es. i tratti caratteristici della personalità, la competenza professionale e la capacità di *coping*) e fattori non lavorativi (quali lo stato finanziario, la situazione familiare, il livello di supporto sociale, ecc.), che spiegano la diversa reazione degli individui allo stesso stimolo stressogeno.

Il decreto legislativo sullo stress nei luoghi di lavoro [D.Lgs. 81/2008] determina una serie di adempimenti che il datore di lavoro deve mettere in atto per evitare che il lavoro, che dovrebbe essere fonte di energia, sia causa di esaurimento di essa.

Quando lo stress lavorativo diventa patologico?

Decisioni non prese o non corrette (negazione dell'errore), conflitti cronici in situazioni di stress prolungato (*distress*), insicurezza riguardo agli scopi perseguiti, che si tratti di problemi organizzativi, personali o di una sommatoria di entrambi, soprattutto se protratti per troppo tempo generano patologia.

È molto difficile scindere la responsabilità dello stress determinato dal lavoro sul singolo da quella di cui il singolo è portatore per il suo vissuto. La persona che presenta tratti di fragilità, perché carente in alcune *life skills* (v. domanda 27), fa fatica a realizzarsi senza esserne sopraffatta, soprattutto se nell'ambiente di lavoro non sono rispettati i parametri essenziali del benessere organizzativo e della tutela psicoemozionale dei singoli nei confronti della macrostruttura di cui fanno parte.

D'altra parte il lavoro può aiutare la persona a riconoscere i suoi punti di debolezza per evolvere. Se ciò non accade, il meccanismo di evoluzione dell'individuo si arresta, temporaneamente o cronicamente. È chiaro che il soggetto avrà un minor grado di assertività nella negoziazione dei suoi diritti e nella riscossione delle ricompense collegate alla sua prestazione o nella programmazione di pause di recupero. Il confronto con le altre persone e nello specifico con i colleghi di lavoro spesso darà luogo a dinamiche relazionali disfunzionali o patologiche.

Quali sono i principali *stressor* sul posto di lavoro?

Lo stress – che costituisce uno dei maggiori problemi connessi al lavoro in Europa – è spesso collegato al cambiamento: in uno studio condotto da Beer e Nohria nel 2000, risulta che il 70% delle iniziative di cambiamento in un'organizzazione vengono affrontate con resistenza e per questo presentano un elevato rischio di fallimento [Beer, 2000].

Non tutto lo stress è negativo: determinati livelli di stress sono considerati componenti vitali dell'esistenza, in grado di dare un senso e motivare gli individui a fare del proprio meglio.

Spesso si verifica un duplice modo di vivere lo stress: un individuo poco stressato vive l'organizzazione creativa come un momento di gratificazione e di sviluppo per pensare *out of the box*, cioè per uscire dagli schemi e trovare nuove soluzioni al quotidiano, mentre un altro individuo, magari troppo stressato e in fase di esaurimento, vede la creatività organizzativa come fonte di instabilità, incertezza e perdita di controllo.

Tra gli *stressor* comuni sul posto di lavoro si annoverano:
- il carico di lavoro;
- la mancanza di tempo;
- l'ambiguità dei ruoli;
- i conflitti interpersonali;
- la mancanza di controllo;
- i fattori fisici (ad esempio il rumore).

Quali sono gli elementi da analizzare in un sistema lavorativo complesso in cambiamento, quindi sotto stress?

Un sistema lavorativo complesso alberga al suo interno una serie di processi che hanno come obiettivi l'efficienza e l'efficacia.

Fanno parte dei processi legati all'efficienza:

- «definizione di regole (procedure operative);
- immediata attribuzione di ruoli di coordinamento e di sintesi;
- gestione attenta dei tempi;
- condivisione di linguaggio;
- uso di regole valide per il risparmio di risorse;
- controllo sulla "pertinenza" degli interventi;
- esecuzione formale del compito» [De Santi, 2008].

Fanno parte dei processi legati all'efficacia:

- «completa ricognizione e valorizzazione delle risorse personali presenti;
- capacità di attingere a valide risorse esterne;
- elaborazione dei conflitti;
- precisa definizione del mandato, degli obiettivi;
- definizione di un metodo valido per raggiungere gli obiettivi» [De Santi, 2008].

Esistono inoltre delle problematiche legate al conflitto efficacia/efficienza, tra cui:

- l'utilizzo delle risorse personali;
- la gestione del tempo;
- la definizione di regole o procedure;
- la gestione dei conflitti;
- l'esecuzione del compito;
- il raggiungimento degli obiettivi;
- la chiarezza del ruolo assegnato al gruppo;
- la piena consapevolezza degli aspetti culturali, tecnologici e organizzativi che compongono la struttura in cui il gruppo è inserito.

Come si può valutare la resilienza di un'organizzazione sotto stress?

La dinamica più funzionale per valutare la resilienza (v. domanda 29) di un sistema complesso in cambiamento è l'analisi della gestione dei processi legati all'efficienza e di quelli legati all'efficacia (v. domanda 79).

L'analisi della gestione di queste due tipologie di processi mira a raggiungere un equilibrio dinamico tra prestazioni di efficacia e prestazioni di efficienza sia interne sia esterne.

Per consentire una rapida autovalutazione dell'organizzazione riguardo ai fattori di protezione dei processi, la rete dell'Organizzazione Mondiale della Sanità, che promuove la salute nei setting sanitari tramite la strategia HPH – Health Promoting Hospitals & Health Services [The International Network of Health Promoting Hospitals and Health Services, 2018], ha realizzato degli standard internazionali per guidare ciò che la Carta di Ottawa nel 1986 descriveva come riorientamento dei servizi sanitari verso la promozione della salute [World Health Organization, 1986]. Tra essi, soprattutto lo standard 1 "Politica dell'organizzazione" e lo standard 4 "Promozione di un posto di lavoro sano" evidenziano dimensioni importanti di verifica per la qualità della promozione della salute sul lavoro. Per poter raggiungere la massima prestazione, è opportuno verificare lo stato di equilibrio degli operatori.

In Italia, è stato realizzato un compendio [Aguzzoli, 2010] che fa capo alla rete regionale HPH [The International Network of Health Promoting Hospitals and Health Services, 2018] del Friuli Venezia Giulia, regione in cui la strategia HPH è attiva dal 2003. Il compendio rappresenta lo sforzo compiuto nel 2010 da un gruppo multiprofessionale di operatori al fine di ampliare l'intervento e superare la logica della prevenzione e della gestione del rischio per costruire, mediante la promozione della salute psicoemozionale, un sistema di fattori protettivi funzionali al lavoro delle Direzioni aziendali, alle prese con l'interpretazione più realistica della D.Lgs. 81/2008 [D.Lgs. 81/2008]. L'obiettivo era quello di costruire uno strumento in grado di viaggiare in parallelo alla valutazione del rischio, in grado di promuovere l'*empowerment* organizzativo e contribuire alla responsabilizzazione del personale sulla lettura dei fattori di protezione della propria salute al lavoro. Dopo la sperimentazione, lo strumento è stato presentato a livello internazionale come modello rapido di autovalutazione su tre livelli: alta direzione, staff di strutture/servizi, individuale. In Italia sono stati prodotti oltre 40 piani di miglioramento sulla resilienza e il benessere organizzativo a testimoniare la strategia *top down-bottom up* [Giacomini, 2014; Aguzzoli, 2010].

Un approccio *top down*, cioè dall'alto verso il basso, si concentra sullo sviluppo di politiche, procedure, regolamenti e linee guida per aiutare i decisori. L'approccio *bottom up*, cioè dal basso verso l'alto, attiva piani di miglioramento partendo da coloro che sono più colpiti dai problemi e tenta di sviluppare in modo induttivo raccomandazioni e politiche di consenso [Meslin, 2010]. Mescolare queste due modalità di intervento significa agire secondo un maggior livello di flessibilità senza entrare troppo nel dettaglio della norma. Ciò consente un grado di libertà che permette di attivare percorsi innovativi pur restando nel tracciato. Quando l'approccio *top down* esagera con i dettagli per ogni variante, per eccesso di controllo, dopo una fase iniziale di *comfort* (deresponsabilizzazione) rischia di generare una progressiva demotivazione da parte del destinatario della prassi, che diventa automatizzato e si spegne nella lettura della realtà. Viceversa, se l'approccio *top down* è insufficiente o ambiguo, gli applicatori del processo rischiano di personalizzare troppo il dettaglio senza vedere l'insieme e inducendo devianza dal tracciato. Il rischio è di perdere il controllo sulla *mission* del sistema complessivo. L'attivazione flessibile di modelli integrati *top down-bottom up* consente di risvegliare lo spirito critico e il senso di autoefficacia di chi applica le norme, ma vede quando esse diventano obsolete. Si tratta di reciproco interesse del vertice e dell'applicatore affinché il processo sia performante. Consente di attivare confronti – *benchmarking* – anche tra strutture ad alta complessità e diversa *mission*, senza per questo perdere di vista l'analisi di processo e di risultato. La creatività e il metodo diventano sinergici per produrre innovazione continua.

Che cos'è la matrice organizzativa e perché è importante considerarla nella gestione dello stress?

La matrice organizzativa è il tessuto virtuale in cui si muovono i processi che riguardano le persone che vivono al suo interno e i processi di performance dell'intera struttura nel suo ruolo produttivo, sia di servizi sia di materiali.

Se la percezione organizzativa, intesa come il sentire comune del sistema complesso, rileva che i piani di comunicazione delle aziende e gli strumenti di comunicazione non sono adeguati a mettere in connessione costante centro e periferia in un sistema bidirezionale efficace, l'allarme genera intossicazione della matrice organizzativa.

È pertanto necessario che i sistemi complessi abbiano una perfetta comunicazione tra i distretti periferici e la direzione, a carattere fluido e in grado di attivare correttivi in tempo reale. Generalmente nelle organizzazioni di lavoro le direzioni hanno metodi per avvertire il personale in modo sufficientemente immediato (mailing list), mentre la comunicazione nella direzione opposta spesso non funziona altrettanto bene. Eppure nel corpo umano le fibre afferenti che arrivano al cervello sono molto più numerose rispetto alle fibre efferenti che dal cervello giungono alla periferia.

Quando un'organizzazione cambia, è importante che vengano fornite in tempo reale molte informazioni dalla periferia della struttura e dai suoi componenti per verificare come viene assorbito il cambiamento. Nel corpo umano se un distretto va in ipossia, l'informazione deve giungere subito al cervello, altrimenti si rischia di avere ricadute sempre maggiori che impediranno anche di capire quale fosse la fonte del problema.

La revisione continua della qualità, non solo della performance, ma della salute organizzativa, dei servizi e delle persone che vi operano e vivono rappresenta la strategia chiave per vivere lo stress come sfida vincente. Se l'organismo pluricellulare che forma un'azienda complessa non riesce ad avere uno scopo comune, vantaggioso per tutta la comunità che rappresenta, si rischia che lo stress sbilanci la richiesta di sforzo depauperando settori dell'organismo a favore di altri. Nel tempo, il vertice, per paura di perdere il controllo, assume un atteggiamento rigido, per contenere lamentele e proteste, ma impedendo che si facciano spazio nuove vie di azione. Nel tessuto la rigidità porta a rischio di fratture e a invecchiamento per scarsa mobilità.

Se l'ambiente di lavoro arresta la sua evoluzione, al pari di quanto accade in un organismo vivente, va verso l'invecchiamento. Come una persona anziana che soffre le novità e gradualmente si ritira dalle esperienze nuove per affrontare solo quelle conosciute, anche l'organizzazione che invecchia riduce via via il suo ritmo e i suoi movimenti. In ambito lavorativo può accadere che i bisogni di prestazione aumentino, incuranti del fatto che le risorse diminuiscano, o al contrario che siano prodotti oggetti o servizi obsoleti e quindi non più richiesti.

La prospettiva nuova con cui analizzare i sistemi per uscire da questo stato di stagnazione si allinea con l'ottica salutogenica che vede il superamento della tradizionale visione patogenetica: le organizzazioni complesse, al pari degli individui, vanno mantenute in salute prima che il danno diventi irreversibile. Per fare questo passaggio è importante la visione, un buon leader e dei dirigenti che sappiano valorizzare il personale. I dipendenti troveranno la propria specificità e funzionalità nella cooperazione flessibile. Utopia? In psicologia positiva si preferisce parlare di potenzialità da sviluppare.

In che modo la legislazione italiana tutela il rischio di stress lavoro-correlato?

Il Decreto legislativo n. 81 del 2008 [D.Lgs. 81/2008] mette in rilievo l'importanza di valutare il rischio di stress determinato dal lavoro e definisce sanzionabile il datore di lavoro che non attiva correttivi quando tale rischio diventa evidente. Questo importante riferimento legislativo prende finalmente atto delle evidenze della letteratura scientifica e medica, che da tempo segnalano le ricadute determinate dallo stress (cronico) sulla salute degli individui.

Occorre sottolineare che risulta difficile scindere la componente stressante proveniente dal lavoro da quella derivante da motivi dipendenti dal vissuto personale o dalle abitudini di vita degli individui. Per questa ragione le aziende più lungimiranti e interessate al reale stato di salute percepito da parte del personale si impegnano a lavorare in sinergia con le strategie del benessere organizzativo e della promozione di salute sul posto di lavoro. Tali strategie sono utili per promuovere fattori di protezione e partecipazione ai piani di miglioramento da parte del personale, prima che la legge possa identificare dei fattori di rischio.

Quali individui di un'organizzazione complessa non sperimentano lo stress?

Si riportano, a titolo di esempio, gli identikit più frequenti sulle aspettative e i modi di essere dei componenti di un gruppo di soggetti definibili "socialmente approvati", che sono generalmente immuni allo stress. Tali profili possono risultare utili quando si pianificano programmi di miglioramento organizzativo.

Si deve considerare se si tratta di individui integrati nel sistema o di individui di reale successo:

- per meriti ereditati: individui già inseriti in un sistema (famiglia con stabilità economica e/o di potere) e quindi abituati a proteggerlo in quanto funzionale alla loro sopravvivenza. Purtroppo spesso si tratta di soggetti poco inclini al cambiamento e difficilmente coinvolti in piani di miglioramento. Questi soggetti proteggono il sistema che li ha generati e sono da essi protetti. Conoscono le regole e, anche se hanno percepito che sacrificano la loro libertà, hanno realizzato la percezione di ricevere un vantaggio superiore;

- per meriti acquisiti: individui che hanno saputo evolvere e trasformare una situazione di partenza favorevole in una "molla creativa" che ha consentito loro di raggiungere la massima espressione nelle azioni quotidiane. In questo caso il sistema è stato per loro un propulsore che li ha resi più disponibili a vivere esperienze nuove, accettare sfide e rischi con curiosità e fiducia;

- incondizionabili: individui che vivono l'avventura divertendosi nell'esplorazione e trascurando il concetto di colpa, errore, vittima a favore dei principi della sacralità dell'individuo unico e irripetibile, della ricerca interiore e del superamento costante degli errori necessari alla sperimentazione per la crescita. Sono sufficientemente maturi da autodeterminarsi;

- condizionabili: individui molto evoluti dal punto di vista delle sfide affrontate e vinte (perennemente in gara e quindi allenati oltre che competitivi), ma più sensibili e incerti, perché sentono il feedback esterno come determinante e hanno bisogno di continue conferme dall'esterno.

Quali individui di un'organizzazione complessa sperimentano lo stress?

Se per qualche motivo l'approvazione genitoriale, strumento/risorsa di ogni genitore per dare energia al proprio figlio, non ha funzionato, si genera la "struttura della disapprovazione". Essa può diventare un tratto di personalità che si propaga anche nella vita di comunità. Essere disapprovati e al tempo stesso avere una forte personalità significa reggere un ritmo di ricerca evolutiva e in trasformazione. Al contrario, la disapprovazione (sociale, lavorativa, ecc.) in caso di personalità sotto stress cronico e in riserva energetica provoca sofferenza e autocolpevolizzazione.

La persona che non ha raggiunto il grado di autonomia, al fine di sostenere periodi di cambiamento che possono generare disapprovazione sociale, può manifestare alcune tendenze riconoscibili in determinate dinamiche lavorative.

Tra i soggetti "disapprovati" si annoverano:

- gli individui che si lamentano per la stanchezza provocata dal fatto di trascinarsi addosso l'energia che non si autorizzano a utilizzare. In questi soggetti la creatività si è bloccata a seguito dell'atteggiamento servile messo in atto o per la fuga da una realtà che sentono come scomoda;
- gli individui che sviluppano rabbia e senso di superiorità per compensare il senso di inferiorità percepito. Dipendono da persone o situazioni, ma si lamentano in modo aggressivo (tipico di chi è dipendente e ha paura di non riuscire a rendersi autonomo economicamente);
- gli individui che si stanno riorientando. Il loro principio di autorità è in fase di trasformazione e cercano di dimettersi da una fase di sudditanza non più coerente con la propria evoluzione personale (per esempio cambiano partner, cambiano lavoro, cambiano atteggiamento, cambiano il proprio aspetto in direzione di una nuova vita) per tentare di aumentare il controllo sulle proprie scelte.

Tra gli individui disapprovati, il livello di stress si concentra maggiormente nell'ultimo tipo, almeno fino a che non cambia la sua situazione. Infatti in questo caso l'accelerazione per accumulare la spinta necessaria alla trasformazione comporta una serie di valutazioni. Si tratta dei soggetti più consapevoli e coraggiosi nel percorso di crescita personale. Tra i pensieri che possono essere presenti si annoverano la consapevolezza dell'aver riposto male la fiducia fino a quel momento, il rancore per aver subito maltrattamenti, il rimpianto per gli anni sprecati e il rimorso verso le proprie potenzialità soffocate. Se si mantiene alta la visione dello scopo per cui si sta cambiando, la forza tesa al traguardo cresce e protegge.

Come vivono lo stress gli individui resistenti al cambiamento in un'organizzazione complessa?

I collaboratori più efficienti, in condizioni normali, ma in assenza di forti mandati direzionali, specialmente in caso di cambiamento di direzione (intesa sia come cambiamento di direttore sia come cambiamento di strategia direzionale), vedono la propria performance calare. Pertanto si bloccano e attendono oppure continuano a esercitare mandati superati, rischiando l'alienazione. Il loro obiettivo è quello di ottenere i risultati che si sono abituati a ottenere in passato nonostante le variazioni del contesto, senza considerare la riduzione delle risorse o il cambiamento dei bisogni della comunità. Nelle fasi iniziali di un cambiamento non accusano il colpo continuando a spingere sulla competenza tecnica fintanto che le riserve accumulate consentono di far fronte alla situazione. Però una volta esaurita la riserva, se non c'è stato un progetto di cambiamento, si trovano sfiniti e senza energie. Attuano modifiche nelle loro azioni solo a fronte di ordini e protocolli. La legge di riferimento è "si è sempre fatto così" e non permette alternative possibili.

Questo modo di fare preserva gli individui resistenti al cambiamento dallo stress di percorrere una strada nuova e li protegge da responsabilità riguardanti errori o imprevisti. Se non c'è stata una forte leadership, il ridotto o assente grado di libertà decisionale protratto nel tempo ha privato questi individui della flessibilità nell'interpretare l'impatto delle azioni sulla realtà. Pertanto risulta fondamentale recuperare autonomia e confronto relazionale mirato allo sviluppo del senso critico attraverso le *life skills* (v. domanda 27).

Come vivono lo stress coloro che ostacolano il cambiamento in un'organizzazione complessa?

Alcuni individui resistenti al cambiamento (v. domanda 85) possono iniziare a ostacolarlo in modo attivo. Le ragioni alla base di questi comportamenti possono essere la fatica di imparare cose nuove, la gratificazione derivante dal sentirsi paladini delle procedure storiche, l'invidia per gli altri e un trauma che abbia deviato l'energia desiderante. In alcuni casi può trattarsi del timore di perdere dei privilegi acquisiti o di perdere una quota di controllo sulla realtà in cambio di una rinegoziazione di valori e principi non sostenibile. Tra le possibili conseguenze, vi sono la manifestazione di emozioni aggressive, la mancata cooperazione per la risoluzione dei problemi e l'ostacolamento degli obiettivi degli altri.

Essere o diventare una persona che ostacola può inoltre rappresentare un segnale di esaurimento di riserve, un segnale di invidia verso chi ha la speranza di cambiare qualcosa o un segno di vendetta per presunti torti subiti. Accanto a queste caratteristiche, si possono rilevare sfumature più o meno marcate di conformismo.

I recenti studi di neuroscienze sulla percezione dello stress dimostrano come la realtà cambi in base all'umore e agli elementi noti da parte del soggetto. Per tale ragione è difficile attivare percorsi antistress validi per tutti: visti i diversi stadi evolutivi degli individui, la visione cambia in base agli obiettivi, quindi pensare a una realtà statica e univoca è sbagliato. È risaputo, ad esempio, che una donna che vuole avere un bambino, vede solo donne in gravidanza.

Come si possono gestire le persone che ostacolano in un'organizzazione complessa?

In assenza di emozioni aggressive, di fronte a una persona che ostacola si possono proporre ruoli da protagonista, affinché possa riavere il controllo. Se si ostina a ostacolare, invece, va aggirato. Conoscendo bene il percorso e il risultato atteso, si può sostituire la persona che ostacola con una figura analoga per prestazione, ma disponibile al dialogo e alla concreta risoluzione di problemi. Ma se la prestazione del soggetto ostacolante viene sostituita da una persona interna all'organizzazione, il rischio è quello di promuovere conflitti interni. È meglio quindi proporre un confronto integrato tra persone con competenze simili, ma appartenenti a organizzazioni diverse in modo da aprire una via di fuga a colui che ostacola per uscire dal circolo vizioso della sua rigidità. La distanza garantisce di usufruire di un punto di vista diverso, pur consentendo al soggetto ostacolante di mantenere la sua dignità professionale. Ciò che egli teme di più è perdere il controllo e le sue certezze di fronte agli altri: il confronto con un individuo estraneo all'organizzazione non mette a repentaglio questi aspetti perché viene vissuto come transitorio. Se l'individuo che ostacola continua a pretendere di avere ragione e non attiva la collaborazione per superare il problema, sarà escluso dal gioco di squadra. Il vantaggio immediato che avrà sarà quello di essere evitato il più frequentemente possibile da tutti. D'altronde l'isolamento in quanto strategia protettiva nei confronti del cambiamento potrà tramutarsi in una stasi a lui funzionale o in uno stato depressivo.

Se la persona che ostacola è invidiosa, invece, non ha ancora capito che cosa vuole e che cosa la rende felice. Non sopporta che qualcun altro abbia le idee chiare in quanto metterebbe in luce la sua inadempienza. Ostacolare il raggiungimento degli obiettivi altrui può diventare uno sport entusiasmante per questi soggetti, che, frustrati dai loro tentativi di conoscere se stessi, giocano a boicottare i percorsi degli altri. Il vero problema di questi individui è che sono invidiosi della capacità desiderante degli altri dal momento che non sanno desiderare per conto proprio e si immedesimano in qualcuno accanto a loro copiandone i desideri nella speranza di trarne soddisfazione. Evidentemente qualche trauma ha deviato la loro energia desiderante, colpevolizzandone l'autenticità. Quindi la rincorsa ai desideri altrui diventa un modo per vivere al riparo dalla realtà, che, anche se ritenuta deludente, è meno faticosa perché privata dello sforzo di fare i conti con se stessi.

Il lavoratore che debba relazionarsi con una persona ostacolante invidiosa che sia in una posizione di potere può mettere in atto comportamenti diversi sulla base delle proprie risorse:

- il *coping* evitamento; quando si ha poca energia è meglio escludere la persona dai propri percorsi;
- il *coping* emozionale; quando si sta trattenendo la rabbia e si vuole sperimentare la propria autorevolezza, si può far capire al soggetto il proprio stato di alterazione, alzando le difese e facendo attenzione a non perdere il controllo;
- il *coping* situazionale; quando si ha la certezza di avere evidenza dei soprusi e di possedere consapevolezza ed equilibrio, si può affrontare la persona con pazienza e determinazione, meglio se in territori in cui si hanno degli alleati, per mettere in chiaro i confini e le aree di azione reciproca. È consigliabile l'uso di verbali e documenti che evitino ambiguità una volta finito il colloquio.

Come vivono lo stress
gli individui incontentabili?

Essere incontentabili significa essersi dimenticati di sé al punto da essere arrabbiati con il mondo, che diventa la conferma della propria "non esistenza". Quando non si è in contatto con se stessi, le cose che accadono fuori sono senza collegamento e si percepisce uno scarso controllo sulla realtà. Il circolo vizioso si chiude: perdere il contatto con i propri sistemi di conoscenza si trasforma in una visione caotica di quanto accade fuori. Molte cose diventano minacciose, altre banali e noiose.

La mancanza di contatto con se stessi provoca un vuoto cronico doloroso perché manca la capacità di darsi ricompense autentiche in modo autonomo. Scatta, pertanto, il bisogno di essere approvati. Gli incontentabili, però, temono anche di essere approvati. Sono consapevoli che si tratta di un palliativo temporaneo, su cui non possono fare affidamento. Potrebbero andare oltre il meccanismo stressante dovuto alla loro difficoltà di essere approvati o disapprovati attivando lo scatto di crescita, accorgendosi di poter intraprendere il viaggio misterioso dentro di sé. Se non lo fanno, si sintonizzano sul cinismo cronico, non mettendosi più in gioco e sentendosi al sicuro. Il cinico non cerca approvazione e non la darà a nessuno. La rabbia che deriva dalla sua insoddisfazione perenne viene stemperata nell'atto di disapprovare chi si sente realizzato, trovando i difetti al suo operato (secondo il detto "mal comune mezzo gaudio"). L'incontentabile si intrappola in un circuito chiuso su se stesso, che rende il suo dolore meno forte, e sviluppa un senso del piacere che può dare luogo ad atteggiamenti patologici, sadici o masochistici.

Come vivono lo stress
gli individui aggressivi?

La frustrazione derivante dal fatto di non poter ottenere dall'ambiente o dalla relazione con gli altri ciò che si vuole può portare a due opzioni: riflessione e cambiamento del proprio punto di vista o attacco per verificare se con la forza si ottiene ciò che si vuole.

È possibile che un individuo sia obbligato ad aggredire allo scopo di sfogare l'aggressività indotta dall'ambiente in modo non lesivo di sé o degli altri. È un dato di fatto che lo stress cronico che fa ammalare è quello che stimola all'aggressione, anche se spesso essa non viene messa in pratica: ad esempio in caso di problema del traffico, mancanza di tempo, richieste pressanti di lavoro, di famiglia o di prestazione in generale. In queste situazioni l'aggressività prende il sopravvento sulla riflessione, specialmente quando la posta in gioco è alta e sono state accumulate molte frustrazioni.

Si parla di "alto carico allostatico" quando si vuole rappresentare la sommatoria degli stimoli stressanti (che hanno richiesto un cambiamento) sperimentati da una persona durante un lungo periodo di tempo, che hanno provocato un conflitto interiore e un rimuginio senza portare a una soluzione efficace. La crisi deriva sempre da una mancanza di capacità di lettura dei propri bisogni e delle proprie reazioni che porta a una solitudine interiore, non permettendo di capire le proprie priorità. Si tratta spesso di ferite aperte dell'anima, che il soggetto sta curando in modo sbagliato o che non ha ancora avvicinato per paura di soffrire, quindi l'aggressività si manifesta come istinto di sopravvivenza primordiale.

Aiutare le persone a monitorare il livello di aggressività e quindi di messa in discussione della propria dignità sociale costituisce un valido supporto per evitare i conflitti.

La situazione peggiore che possa accadere in un team di lavoro si verifica quando le persone frustrate o ferite profondamente assumono un ruolo di comando e si trasformano da vittime in carnefici esercitando a loro volta il dominio che hanno subìto.

Un'altra possibile genesi dell'aggressività consiste nella mancanza di stimoli interiori dovuti a pigrizia intellettuale o superficialità. Una persona troppo indulgente con se stessa può convincersi di essere in credito verso gli altri "per definizione" e, quando si trova di fronte alla realtà per modificarla, non avendo sviluppato strumenti adatti a farlo, è costretta ad attaccare chi sta dimostrando la sua inadempienza. Se si struttura questo tipo di personalità come unica modalità di sopravvivenza, è difficile intervenire perché le persone che sono arrivate a questo stadio non chiedono aiuto e non lo vogliono. Si tratta di aggressività passiva o vittimismo di emergenza. L'unica soluzione da adottare in questi casi consiste nel far crescere esempi positivi che stimolino nuovi punti di vista.

Come vivono lo stress gli individui con una forte motivazione in un'organizzazione complessa?

Alcuni lavoratori, senza motivo apparente, si interessano di cose non scritte nei protocolli o pongono domande che esulano dal proprio ruolo specifico. Si tratta di persone che combattono lo stress traendo giovamento dalla scoperta continua di connessioni e di analogie fra sistemi e accadimenti. A volte potranno sembrare caotiche, ma in realtà hanno una spinta motivazionale molto forte che resiste nel tempo e va oltre al mandato.

Viene da pensare che queste persone non siano mai cresciute né siano completamente appagate. Pensano di avere ancora molto cammino da fare e si muovono alla ricerca di soluzioni ai problemi che li circondano. Nell'ambito di un'organizzazione che non privilegia la ricerca, vengono viste come poco controllabili e talora temute per il loro continuo desiderio di trovare verità. Quando schemi e linee guida non li convincono, cercano di trovare nuove coerenze e armonie di modelli di lavoro utili a migliorare l'ambiente circostante.

L'aspetto positivo di questi professionisti è che sono motori di entusiasmo e di vitalità, ma, se si sentono ingabbiati in processi di lavoro che non ritengono utili, diventano fastidiosi e provocatori. La loro funzione è quella di individuare la presenza di eventuali fragilità del sistema e di proporre nuovi approcci. Se trattati con rispetto e benevolenza per queste loro attitudini, sono generosi e altruisti. Non pretendono che tutti diventino come loro, anche se sperano che tutti crescano nella curiosità per condividere le loro scoperte. Il paradosso è che queste persone sono poco controllabili e per questo ritenute pericolose. Si tratta di persone spesso molto forti, determinate e motivate, al punto da assumersi responsabilità non affidate, ma spesso soggette a incomprensione. Nel complesso sono fonte di stimolo e aggiornamento per il gruppo di lavoro, soprattutto se si permette loro di costruire nuove visioni da confrontare con staff *multitasking*.

Che cos'è il deficit di attenzione che colpisce un leader sotto stress?

Il deficit di attenzione che colpisce un leader sotto stress si manifesta con una serie di segni simili a quelli che si riconoscono nei bambini: facile distraibilità, senso di frenesia interiore e impazienza.

Il disturbo "deficit di attenzione" (*Attention Deficit Trait* – ADT) impedisce ai manager di individuare le priorità, prendere decisioni intelligenti e gestire il proprio tempo [Hallowell, 2005]. Questa condizione insidiosa trasforma manager di talento in manager tormentati che ottengono solo risultati scadenti. Non si tratta di una malattia o di un deficit caratteriale, ma della risposta naturale del cervello alla sollecitazione esponenziale e alla continua richiesta di tempo e attenzione. Con l'aumento della quantità di dati da processare (similmente a quanto accade a un computer) si perde l'abilità di risolvere problemi e gestire gli imprevisti. La creatività crolla e aumentano gli errori.

Per controllare questo insieme di segni e sintomi, occorre coltivare emozioni positive attraverso la relazione diretta e quotidiana con le persone con cui si sta bene, prendersi cura del proprio cervello dormendo abbastanza (ci si accorge che si è dormito abbastanza quando ci si sveglia senza la sveglia), mangiando con regolarità e facendo esercizio fisico.

È indispensabile riservare una parte di ogni giornata al pensiero e alla pianificazione, è bene allestire il proprio ufficio per favorire il funzionamento mentale (per esempio, tenendo sempre una parte della propria scrivania libera). Invece di essere risucchiati nel vortice delle e-mail ogni mattina, è opportuno preparare una scaletta di cose da fare tenendo presente la regola OHIO (*Only Handle It Once*, cioè gestiscilo solo una volta): quando si prende in mano un documento, si agisce su di esso, lo si archivia o lo si butta [Hallowell, 2005]. Se compare nonostante tutto un senso di sopraffazione il dottor Hallowell consiglia di:

- rallentare la prestazione;
- fare qualcosa di semplice come rimettere a posto l'orologio, leggere delle definizioni sul dizionario, fare un breve puzzle o qualcosa di manuale che faccia concentrare sulla pratica;
- muoversi nell'ambiente, per esempio fare le scale;
- delegare alcune azioni;
- fare un brainstorming con un collega;
- chiedere aiuto a una persona di fiducia.

In questo modo si può uscire da un isolamento preoccupante e ridimensionare l'ansia.

Come può un buon leader evitare lo stress tra gli operatori?

Un buon leader, per evitare lo stress tra gli operatori, deve innanzitutto tenere a freno il proprio ego.

Un gruppo di psicologi ha studiato la prepotenza sul posto di lavoro tramite l'analisi di manager definiti "teste calde" [Silverman, 2012]. Dall'analisi effettuata è stato riscontrato che i capi arroganti non rispettano le idee dei propri collaboratori e proiettano le colpe sempre sugli altri, diventando distruttivi nei confronti dell'organizzazione. Al contrario, leader più umili, aperti a nuove idee e disponibili a riconoscere di avere sbagliato, sono in grado di ridurre il turnover dello staff e mantenere il benessere dei collaboratori [Gold, 2013].

Le principali ricerche nell'ambito del benessere nelle organizzazioni hanno analizzato la gestione dello stress sul posto di lavoro attraverso i consueti parametri (l'analisi dei giorni di assenza per malattia, i livelli di turnover e l'analisi del tono dell'umore), rilevando che uno dei modi migliori per ridurre lo stress è quello di dare progressivamente un maggior grado di autonomia ai dipendenti, aumentando così il loro controllo sul lavoro svolto. Non tutti sono in grado di definire i propri compiti e pianificare le proprie attività in modo efficiente. Edward Deci, professore in psicologia all'Università di Rochester, che ha studiato a fondo le dinamiche dell'autodeterminazione sul posto di lavoro, afferma che i migliori capi mettono in grado i loro collaboratori di sentirsi perfettamente compresi e di fare le scelte che essi percepiscono essere le migliori per l'azienda [Deci, 2017].

Inoltre, il buon leader deve promuovere la cultura del "saper staccare la spina". Può succedere a un leader di inviare una e-mail di notte o durante il fine settimana: ciò può essere accettabile se il leader non si aspetta una risposta immediata dal collega o dal subordinato. Il gruppo di Park della Kansas State University, studiando l'utilizzo della tecnologia al di fuori dell'ambiente di lavoro, ha riscontrato che chi ha un minor livello di distacco psicologico dal lavoro è meno felice e più stressato [Park, 2011]. Quindi un buon leader promuove la moderazione nell'utilizzo delle tecnologie al di fuori del lavoro (cellulare, e-mail) e si permette di "staccare la spina" quando è fuori servizio.

Inoltre il leader dovrebbe preferire le ricompense al posto delle punizioni. È comunemente accettato nel mondo della psicologia del lavoro che la paura derivante dal ricevere una punizione non rappresenta una grande motivazione al lavoro, ma il dibattito è ancora aperto riguardo alla definizione delle ricompense in premi in denaro o sotto altra forma. Analizzando numerose ricerche, si evince che la tendenza generale prevede che un riscontro positivo rispetto a un lavoro ben svolto rappresenti una delle ricompense più apprezzate [Deci, 2017]. Il senso di benessere dell'individuo e dell'organizzazione si avverte, infatti, quando le persone sono molto motivate e conoscono con precisione i loro compiti avendo le risorse per poterli portare a termine.

Come si costruisce la visione in un'azienda che vive bene lo stress?

Secondo Mihály Csíkszentmihályi, costruire la visione di un'azienda corrisponde a un forte investimento di energia per anticipare la forma di qualcosa che ancora non esiste [Csíkszentmihályi, 2006]. La visione può essere descritta come lo sviluppo evolutivo di un'organizzazione che si è resa consapevole delle proprie potenzialità. Oltre alla ricerca dell'eccellenza, della massima performance, i veri leader hanno sempre una motivazione che trascende la mera prestazione. Si parla in tal caso della componente "anima". La visione va oltre agli interessi privati di proprietari e azionisti, perché ci sono degli ideali che spingono verso finalità più alte. Ne parla Platone nel Fedro, scritto nel 370 a.C. circa, quando fa riferimento all'unione tra anima e corpo, che una volta congiunti costituiscono l'essere vivente mortale. Secondo Platone, ogni essere vivente è attratto dalla pianura della verità, nutrimento principale dell'anima: «La potenza naturale dell'anima conduce verso l'alto ciò che è pesante, elevandolo là dove vive la stirpe degli dei, poiché essa partecipa al divino più di ogni altra cosa che riguardi il corpo [...] Molte e beate sono le visioni e le evoluzioni nel cielo compiute dalla stirpe degli dei felici, mentre svolgono ciascuno il proprio compito [...] l'invidia è esclusa dal coro divino» [Platone, 1869].

Se si importano questi valori nel mondo reale, in un'azienda che vuole svilupparsi e crescere, si può descrivere così un leader visionario: colui che sa mantenere l'obiettivo generale che emerge dalla sua visione, sa condurre i suoi collaboratori a sentirne il piacere, contiene le angosce di chi ancora non vede, utilizza standard di riferimento che guidano lui e i suoi collaboratori nella conquista dell'obiettivo. Inoltre un leader con tale forza interiore è consapevole che qualsiasi innovazione porta con sé l'incontro con il limite e lavora in modo creativo per superarlo, senza abbattersi o compromettersi. La temporanea perdita del controllo che questa situazione comporta, se per i leader "applicatori" è causa di uno stato di stress insopportabile, per il leader visionario è una sfida emozionante. Il ciclo del miglioramento continuo della qualità di Shewhart e Deming è lo strumento che accompagna il leader e il suo staff nel circuito evolutivo [Shewhart, 1931; Groene, 2006]. I percorsi di autovalutazione consentono di avere il quadro generale di partenza per programmare piani di miglioramento progressivi, che avvicinano all'armonia della visione per renderla visibile a tutti.

VI. Stress, benessere e qualità della vita

Quando la tua anima è pronta lo sono anche le cose.
William Shakespeare

Che cosa si intende per "benessere"?

Con il termine "benessere" si intende uno stato fisico, mentale, affettivo, cognitivo, economico, sociale, culturale e spirituale che caratterizza la soddisfazione nella vita e si fonda su alcuni standard che orientano le persone nel determinare ciò che è positivo per la propria esistenza.

Spesso nel concetto di "benessere psicologico" vengono incluse varie componenti come l'autostima, l'ottimismo (v. domanda 98), gli stati d'umore positivi, il *locus of control* (v. domanda 66) e il senso di coerenza. In campo clinico il benessere è stato interpretato come assenza di sintomatologia legata a stress, depressione, ecc.

Il modello mente-corpo [Benson, 1992] (v. domanda 28), inteso come l'insieme delle complesse interazioni che hanno luogo tra pensieri, componente fisica del corpo e ambiente esterno, enfatizza la forte influenza delle credenze personali in merito alla salute e al benessere. Per esempio, il fatto di credere in una terapia può attivare dei benefici addizionali riassumibili nell'effetto placebo [Beecher, 1955].

Il modello mente-corpo tiene conto di tre componenti:
1. le credenze del paziente;
2. le credenze del terapeuta;
3. la relazione tra il paziente e il terapeuta.

Credere nella terapia (v. domanda 64) e nel terapeuta (v. domanda 49) aumenta, infatti, l'efficacia del trattamento [Horwitz, 1990].

L'OCSE (Organizzazione per la Cooperazione e lo Sviluppo Economici) ha individuato 11 criteri per definire il benessere, in quanto frutto di condizioni di vita materiale e di qualità della vita [OECD, 2018]:
1. abitazione;
2. reddito;
3. occupazione;
4. relazioni sociali;
5. istruzione;
6. ambiente;
7. impegno civile;
8. salute;
9. soddisfazione;
10. sicurezza;
11. equilibrio lavoro-vita.

Ciascuno di questi criteri è stato valutato in 34 Paesi del mondo. Dal momento che il concetto di benessere è soggettivo e l'importanza che si attribuisce a questi criteri varia da individuo a individuo, l'OCSE ha messo a punto un software, fruibile dal sito di OECD Better Life Index (http://www.oecdbetterlifeindex.org/it/), in grado di modificare la classifica dei 34 Paesi a seconda del peso attribuito a ciascuno degli 11 fattori citati.

Quali sono gli strumenti per la misurazione del benessere?

Esistono diverse scale per la misurazione del benessere, la soddisfazione della vita e la felicità. Tra le scale più diffuse a livello internazionale, vi è la "scala di soddisfazione della vita" (*Affect Balance Scale - ABS*) di Bradburn [Bradburn, 1969], uno dei principali strumenti sviluppati per misurare gli stati affettivi.

Questo strumento autovalutativo è stato in seguito ripreso da Watson, che ha creato la *Positive And Negative Affect Schedule* (PANAS), con cui si possono quantificare gli stati emotivi sia positivi sia negativi in un arco di tempo precisato [Watson, 1988]. Si tratta di due scale, ciascuna composta da 10 *item*, che valutano gli stati emotivi positivi e negativi (piacevoli o spiacevoli). Il formato di risposta prevede tre giudizi (spesso/qualche volta/mai) per valutare la frequenza con cui si provano le diverse emozioni.

Un altro strumento di misurazione del benessere è costituto dalle *Psychological Well-Being (PWB) Scales* di Carol Ryff, che misurano il benessere psicologico e il funzionamento positivo dell'individuo analizzandone le proprietà psicometriche attraverso un questionario autovalutativo composto da 84 *item* suddivisi in sei scale, che rappresentano le dimensioni del benessere psicologico: autoaccettazione, autonomia, controllo ambientale, crescita personale, scopo nella vita e relazioni positive [Ryff, 1989].

Che cosa si intende
per "qualità della vita"?

Secondo l'OMS, la qualità della vita riguarda ambiti fondamentali come lo stato fisico, psicologico, le interazioni sociali, i fattori economici e quelli spirituali.

La salute ha a che fare con:

1. la qualità dell'ambiente (vivibilità fisica, sociale e relazionale);
2. la qualità delle prestazioni (che prevede l'uso delle *life skills*, v. domanda 27);
3. la qualità dei risultati (il cui raggiungimento dipende da produttività e rendimento).

In generale, le definizioni sulla qualità di vita legata alla salute variano da quelle con una prevalente enfasi olistica sul benessere sociale, emotivo e fisico dei pazienti dopo un trattamento [Greer, 1984] a quelle che descrivono l'impatto della salute di una persona sulla propria capacità di condurre una vita appagante [Bullinger, 1993].

Carr analizza l'impatto delle aspettative rispetto alle esperienze e ritiene che sia fondamentale studiare il divario tra le aspettative di salute e l'esperienza avuta dal soggetto [Carr, 2001]. La percezione della qualità della vita, infatti, varia tra gli individui ed è dinamica, al punto che persone con aspettative diverse, pur in presenza di condizioni cliniche uguali, riferiscono di avere una qualità di vita diversa.

Uno degli obiettivi principali di qualsiasi trattamento terapeutico, in particolare nelle malattie croniche, è quello di migliorare la qualità della vita riducendo l'impatto della malattia.

L'impatto della malattia cronica sulla qualità della vita dei pazienti può essere minimizzato aiutando i pazienti a modificare le loro aspettative e adattarsi al loro stato clinico modificato.

Proprio in questo senso agisce la promozione della salute, che è «il processo che mette in grado le persone di aumentare il controllo sui determinanti della propria salute e migliorarla» [World Health Organization, 1986].

I pazienti possono raggiungere il livello di autonomia necessario e continuare a crescere solo se sono consapevoli delle proprie possibilità. Innalzare le aspettative di salute è quindi una parte essenziale della "coscienza critica" del miglioramento della salute della comunità. Tuttavia, nel tentativo di migliorare la salute, la promozione della salute potrebbe aumentare le aspettative delle persone con problemi di salute e apparentemente ridurre la qualità della vita. Si tratta del solito meccanismo della ricerca continua dell'equilibrio omeostatico tra risorse e scopi.

Il terapeuta dovrebbe svolgere il ruolo di guida positiva e di counsellor, facendo riflettere con spirito critico sugli aspetti della realtà nel processo di *empowerment* e fornendo la forza per cambiare quella realtà [Carr, 2001] senza esagerare.

Quali sono gli indicatori
della qualità di vita?

Esistono due tipi di indicatori della qualità di vita:
- oggettivi, che valutano gli aspetti materiali della vita nelle sue varie aree;
- soggettivi, che riguardano la percezione e la valutazione della propria vita individuale e collettiva, cioè della personale soddisfazione per la propria vita.

Nel dettaglio, gli aspetti oggettivi della qualità della vita riguardano: l'abitazione, il lavoro, il livello economico, il reddito, il tempo libero, l'ambiente fisico ed ecologico, la rete di relazioni sociali e culturali, l'istruzione, il sistema educativo, il livello di salute, l'efficacia dei servizi sociali e sanitari, la sicurezza sociale, i provvedimenti per evitare disuguaglianze verso i membri più deboli, gli interventi per tutelare i pensionati, i disoccupati, i bambini, i minorati fisici e psichici, il rispetto delle minoranze e dei diritti umani in generale, il grado di libertà, giustizia e democrazia di un Paese.

Quelli soggettivi hanno a che vedere con la percezione del benessere psicologico, il soddisfacimento delle aspirazioni, la stima globale di sé e l'autovalutazione della realizzazione nel contesto del proprio sistema di valori e nelle aree della propria vita (famiglia, lavoro, amicizia, sessualità, salute, ecc.) [Goldwurm, 2004].

In che modo l'ottimismo incide sullo stress?

Attraverso studi di scannerizzazione cerebrale durante l'elaborazione del pensiero sul futuro [Sharot, 2011] è stato possibile rilevare che, quando si impara, i neuroni codificano fedelmente le informazioni desiderabili che possono migliorare l'ottimismo, ma non riescono a incorporare informazioni inaspettatamente indesiderabili.

Se per esempio sentiamo una storia di successo come quella di Mark Zuckerberg, il cervello registra la possibilità che anche noi potremo diventare immensamente ricchi un giorno. Ma se sentiamo le statistiche sui divorzi in aumento, esse non ci fanno pensare che il nostro matrimonio sarà a rischio.

Perché il cervello funziona così? Sembra che l'ottimismo sia stato selezionato dall'evoluzione perché in media le aspettative positive aumentano il tasso di sopravvivenza. Le ricerche dimostrano che gli ottimisti vivono più a lungo e sono più in salute [Engberg, 2013; Harvard Health Publishing, 2008]; tuttavia, l'ottimismo è anche irrazionale e può portare a esiti indesiderati.

Quindi come può il terapeuta aiutare i pazienti a rimanere fiduciosi, beneficiando del frutto dell'ottimismo e allo stesso tempo evitando le insidie? Secondo la ricercatrice Sharot, la conoscenza è la chiave [Sharot, 2011]. Poiché la capacità di imparare dai propri errori non è innata, è necessario identificare le illusioni del cervello attraverso l'attenta osservazione scientifica e la sua comunicazione. Una volta che le persone sono consapevoli delle illusioni ottimistiche, sono in grado di proteggersi. La buona notizia è che la consapevolezza raramente infrange l'illusione.

D'altra parte l'aspettativa pessimistica può modificare la realtà in modo negativo, come la ricercatrice Bengtsson ha dimostrato nei suoi esperimenti con degli studenti [Bengtsson, 2011]. Lo studio era condotto analizzando la performance in caso di induzione di aspettative di successo o di fallimento, tramite l'uso di aggettivi come "intelligente, scaltro" nel primo caso o "ignorante e stupido" nel secondo caso. Esaminando le immagini di scansione cerebrale la ricercatrice ha scoperto una diversa reazione agli errori in dipendenza dall'aggettivo che gli studenti avevano sentito come *imprinting* prima della performance. Quando l'errore avveniva dopo aver sentito l'aggettivo positivo, aumentava l'attività della corteccia prefrontale dedicata all'autoriflessione e al ricordo, cosa che non accadeva con l'appellativo negativo. Dallo studio risulta che se un soggetto si sente considerato "stupido", il suo cervello si aspetta di fare male qualcosa e non mostra segni di sorpresa o conflitto quando sbaglia. Un cervello che non si aspetta buoni risultati non è in grado di segnalare l'errore. Questo cervello non sarà facilitato a imparare dagli errori e sarà meno incentivato a migliorare.

Che cosa si intende per "felicità" e a che cosa si correla?

Secondo Bradburn la felicità è un giudizio globale che le persone formulano confrontando affetti negativi e positivi [Bradburn, 1969].

Per Veenhoven, invece, la felicità dipende da quanto positivamente l'individuo valuta la qualità globale della propria vita attuale in tutti i suoi aspetti [Veenhoven, 2001].

Fatta salva una serie di eccezioni e condizioni, la felicità è legata alla ricchezza, alla libertà in generale, alla libertà politica, all'uguaglianza sociale, all'autonomia e alla possibilità di scelte individuali, al reddito e al livello di istruzione, al tipo di occupazione, di retribuzione, di relazioni sociali e di relazioni profonde (intime), all'appartenenza e alla partecipazione a organizzazioni di volontariato, alla sicurezza e al clima di tolleranza e di pace che si vivono nel Paese.

È maggiore nelle persone energiche, in buona salute fisica, mentale e spirituale [Deeg, 1989].

Fin dai tempi di Aristotele, la felicità è stata pensata come composta da almeno due aspetti: l'*hedonia* (piacere) e l'*eudaimonia* (una vita vissuta bene). Nella psicologia contemporanea, questi aspetti sono generalmente definiti "piacere" e "significato" e gli psicologi positivi hanno recentemente proposto di aggiungere una terza componente distinta di coinvolgimento in relazione ai sentimenti di impegno e partecipazione alla vita [Seligman, 2005].

A partire da queste basi, gli scienziati hanno compiuto progressi sostanziali nella definizione e misurazione della felicità sotto forma di autoregolamentazione del benessere soggettivo, nell'individuazione della sua distribuzione tra le persone nel mondo reale e nell'identificazione dei fattori che la influenzano [Kahneman, 1999].

Per quanto riguarda l'aspetto dell'*hedonia*, Sigmund Freud nel 1920 ha descritto la forte tendenza della psiche nel perseguire il principio del piacere, mettendone anche in luce l'instabilità [Freud, 2002]: davanti alle difficoltà poste dal mondo esterno, se vi è in gioco l'autoconservazione, tale principio diventa inefficiente e persino pericoloso. Subentra, pertanto, il principio di realtà. Un'altra fonte di inibizione dell'ottenimento del piacere è determinata «dai conflitti e dai contrasti che si svolgono nell'apparato psichico, nella fase in cui l'Io compie la sua evoluzione verso forme più elevate e complesse di organizzazione» [Freud, 2002].

Occorre inoltre considerare che la percezione del piacere o del dispiacere dipende dagli scopi che si intendono perseguire, dal valore che essi rappresentano a livello individuale e sociale, tenendo presente che la «maggior parte delle esperienze spiacevoli che noi avvertiamo sono di origine percettiva: percezione cioè della pressione esercitata da pulsioni insoddisfatte» o di stimoli esterni ritenuti pericolosi [Freud, 2002].

In sintesi si può ritenere che la felicità sia una fluttuazione ritmica tra momenti di equilibrio e momenti di cambiamento, prodotti dall'alternarsi delle tendenze (ricerca del piacere e fuga dal dispiacere), nel percorso di realizzazione dei propri obiettivi personali. La curva dello stress descritta da Yerkes e Dodson [Yerkes, 1908] (v. domanda 6) risulta molto utile per descrivere questo concetto di felicità non più statico, ma in movimento, come se fosse un'onda e dipendesse dall'armonia tra le fasi di riposo, di crescita e di recupero dell'equilibrio su un livello più alto. Si tratta, quindi, di un'idea dinamica di felicità, assimilabile al concetto di *eustress*, nel senso di vivere con la solida percezione di avere capacità e risorse sufficienti per affrontare le sfide esistenziali e manifestare se stessi in accordo con l'ambiente circostante.

Che cosa sono i 14 fondamentali della felicità?

Secondo Fordyce i fondamentali della felicità sono le caratteristiche che differenziano le persone felici da quelle infelici e rappresentano gli aspetti basilari che ogni individuo può apprendere per combattere lo stress e migliorare la propria condizione di benessere psicologico [Fordyce, 1977].

Si tratta di elementi cognitivi e comportamentali che producono felicità favorendo un cambiamento nelle convinzioni profonde.

I 14 fondamentali della felicità consistono in:

1. essere più attivi e tenersi occupati;
2. passare più tempo socializzando;
3. essere produttivi svolgendo attività che abbiano un significato;
4. organizzarsi meglio e pianificare le cose;
5. smettere di preoccuparsi;
6. ridimensionare le proprie aspettative e aspirazioni;
7. sviluppare pensieri ottimistici e positivi;
8. essere orientati sul presente;
9. lavorare a una sana personalità;
10. sviluppare una personalità socievole;
11. eliminare sentimenti negativi e problemi;
12. considerare che i rapporti intimi sono fonte primaria di felicità;
13. considerare la felicità come priorità numero uno;
14. essere se stessi.

L'ultimo punto dei 14 fondamentali è particolarmente delicato in quanto richiama a essere se stessi. Come si fa a essere se stessi nella collettività e produrre felicità per sé senza ridurre quella altrui?

Secondo la maggior parte degli adulti, la felicità è una condizione da raggiungere, ma il punto di vista cambia se la felicità viene considerata un «sensore di direzione per essere se stessi. La felicità è un senso, al pari di tatto, olfatto, vista, udito e gusto. L'importante è allenare tale senso per riconoscere ciò che è bene e ciò che è male per ciascuno di noi» [Sibaldi, 2009b].

Le statistiche sono importanti per standardizzare gli interventi in modo da fare del bene alla maggior parte delle persone che il terapeuta deve mantenere in salute o che ha il compito di curare. Ma se, oltre a curare, intende anche guarire una persona, il terapeuta dovrà andare oltre le statistiche, per porla in cammino verso il senso della felicità personale, che in seguito troverà da sola.

Sarà importante quindi allenare il suo senso di felicità autentico (v. domanda 68), spesso atrofizzato a seguito di rinunce e compromessi che lo hanno trasformato in senso di colpa (v. domanda 66). Solo recuperando la percezione del "senso della felicità personale" e dell'evoluzione collegata al suo buon funzionamento, il terapeuta potrà accompagnare la persona che assiste in un solido percorso di autoefficacia nella gestione dello stress.

Appendice

Bibliografia

- AA.VV. (2010). Dizionario di Medicina. Lemma: stress. Roma: Istituto della Enciclopedia Italiana. http://www.treccani.it/enciclopedia/stress_res-1bcbceae-9b61-11e1-9b2f-d5ce3506d72e_%28Dizionario-di-Medicina%29/ (ultimo accesso febbraio 2018)
- AA.VV. (2017a). Lemmario italiano. Garzanti Linguistica. Lemma: resilienza. Novara: DeAgostini. http://www.garzantilinguistica.it/lemmario-italiano/ (ultimo accesso febbraio 2018)
- AA.VV. (2017b). Vocabolario online. Lemma: merito. Roma: Istituto della Enciclopedia italiana. http://www.treccani.it/vocabolario/ (ultimo accesso febbraio 2018)
- Acharya S, Shukla S (2012). Mirror neurons: Enigma of the metaphysical modular brain. *J Nat Sci Biol Med* 3: 118-24
- Adam TC, Epel ES (2007). Stress, eating and the reward system. *Physiol Behav* 91: 449-58
- Agenzia europea per la sicurezza e la salute sul lavoro (2002). Factsheet 22 – Stress legato all'attività lavorativa. Disponibile all'indirizzo https://osha.europa.eu/en/publications/factsheets/22/view (ultimo accesso febbraio 2018)
- Agnoletti M (2015). Le esperienze ottimali, la resilienza e lo stress. *PNEI NEWS* 1: 7-10
- Aguzzoli C, Bertoli M, Giacomini L, et al. (2013). Resilience of workplace: focus on psychoemotional wellbeing. 21st International HPH Conference Body and Mind, Gothenburg, 22-24 maggio 2013. Disponibile all'indirizzo http://hph.mhil.at/uploads/tx_mhlbihphdb/abs_5398.pdf (ultimo accesso febbraio 2018)
- Aguzzoli C, Giacomini L, Bertoli M, et al. (2014). Benchmarking on resilience in the HPH Friuli Venezia Giulia network. *Clinical Health Promotion* 4 (Suppl 1): 85
- Aguzzoli C, Giacomini L, Della Vedova A, et al. (2010); gruppo di lavoro sul benessere psicoemozionale. Come sostenere la valutazione sul benessere psicoemozionale nelle Aziende Sanitarie? Un contributo dalla rete HPH del Friuli Venezia Giulia. Health Promoting Hospitals. Disponibile all'indirizzo http://www.retehphfvg.it/InfoCMS/RepositPubbl/table7/10/Allegati/standard%201-4%20HPH%20ITALIANO.pdf (ultimo accesso aprile 2018)
- Aguzzoli C, Phillips E (2016). The HPH standard and the Institute of Lifestyle Medicine at Harvard Medical School: Working together to tackle the challenge of NCDs during health reform. *Clinical Health Promotion* 6 (Suppl. 1): 9-10

- Aguzzoli C, Tunini C (2008). Emozioni e gestione dello stress. In: De Santi A, Fabio V, Filipponi F, et al. (a cura di). La promozione della salute nelle scuole. Attività pratiche su: salute mentale, life skills, educazione ai media, bullismo e sessualità. Roma: Istituto Superiore di Sanità. Rapporti ISTISAN 08/21. Disponibile all'indirizzo http://www.iss.it/binary/publ/cont/0821.pdf (ultimo accesso febbraio 2018)
- American College of Lifestyle Medicine (2018). www.lifestylemedicine.org (ultimo accesso febbraio 2018)
- Anderson LA, Dedrick RF (1990). Development of the Trust in Physician scale: a measure to assess interpersonal trust in patient-physician relationships. *Psychol Rep* 67: 1091-100
- Arcuri FP, Caciolli S (a cura di) (2011). Corso. Gestione del personale, qualità della vita di lavoro e stress lavoro-correlato. Roma, Istituto Superiore di Sanità, 20-22 giugno 2011. Rapporti ISTISAN 12/19. Disponibile all'indirizzo http://www.iss.it/binary/publ/cont/12_19_web.pdf (ultimo accesso febbraio 2018)
- Bains JS, Wamsteeker Cusulin JI, Inoue W (2015). Stress-related synaptic plasticity in the hypothalamus. *Nat Rev Neurosci* 16: 377-88
- Bandura A (1977). Self efficacy: toward a unifying theory of behavioral change. *Psychol Rev* 84: 191-215
- Barbano MF, Cador M (2007). Opioids for hedonic experience and dopamine to get ready for it. *Psychopharmacology (Berl)* 191: 497-506
- Batson CD, Fultz J, Schoenrade PA (1987). Distress and empathy: two qualitatively distinct vicarious emotions with different motivational consequences. *J Pers* 55: 19-39
- Beckers T, Krypotos AM, Boddez Y, et al. (2013). What's wrong with fear conditioning? *Biol Psychol* 92: 90-6
- Beecher HK (1955). The Powerful Placebo. *JAMA* 159: 1602-06
- Beer M, Nohria N (2000). Cracking the code of change. *Harv Bus Rev* 78: 133-41, 216.
- Ben-Shahar T (2007). Happier: learn the secrets to daily joy and lasting fulfillment. New York, NY (USA): McGraw-Hill Education, p. 192
- Benedetti F (2012). Il cervello del paziente. Roma: Giovanni Fioriti Editore, p. 304
- Benedetti F, Amanzio M, Vighetti S, et al. (2006). The biochemical and neuroendocrine bases of the hyperalgesic nocebo effect. *J Neurosci* 26: 12014-22
- Benedetti F, Lanotte M, Lopiano L, et al. (2007). When words are painful: unraveling the mechanisms of the nocebo effect. *Neuroscience* 147: 260-71
- Bengtsson SL, Dolan RJ, Passingham ER (2011). Priming for self-esteem influences the monitoring of one's own performance. *Soc Cogn Affect Neurosci* 6: 417-25
- Benson H (1983). The relaxation response: its subjective and objective historical precedents and physiology. *Trends Neurosci* 6: 281-4

- Benson H (2000). The relaxation response. Updated and expanded version. New York, NY (USA): HarperCollins. Titolo originale: "The relaxation response" 1975
- Benson H, Stuart EM (1992). The wellness book. New York, NY (USA): Fireside book
- Benson-Henry Institute for Mind Body Medicine at Massachusetts General Hospital (2015). BHI Hosts Historic 2015 CME Conference. https://www.bensonhenryinstitute.org/2017/03/17/bhi-hosts-historic-2015-cme-conference/ (ultimo accesso febbraio 2018)
- Benson-Henry Institute for Mind Body Medicine at Massachusetts General Hospital (2018a). https://www.bensonhenryinstitute.org/ (ultimo accesso febbraio 2018)
- Benson-Henry Institute for Mind Body Medicine at Massachusetts General Hospital (2018b). The Resilient School Program. Disponibile all'indirizzo https://www.bensonhenryinstitute.org/services-resilient-schools/ (ultimo accesso febbraio 2018)
- Benton D, Griffiths R, Haller J (1997). Thiamine supplementation mood and cognitive functioning. *Psychopharmacology (Berl.)* 129: 66-71
- Berk LS, Tan SA, Fry WF, et al. (1989). Neuroendocrine and stress hormone changes during mirthful laughter. *Am J Med Sci* 298: 390-6
- Berridge KC, Kringelbach ML (2015). Pleasure systems in the brain. *Neuron* 86: 646-64
- Bowlby J (1983). Attaccamento e perdita. 3: La perdita della madre. Torino: Bollati Boringhieri
- Bowlby J (1999a). Attaccamento e perdita. 1: L'attaccamento alla madre. II ed. riveduta e ampliata, Torino: Bollati Boringhieri
- Bowlby J (1999b). Attaccamento e perdita. 2: La separazione dalla madre. II ed. Torino: Bollati Boringhieri
- Bradberry T, Greaves J, Lencioni PM (2009). Emotional Intelligence 2.0. San Diego, CA (USA): TalentSmart
- Bradburn NM (1969). The structure of psychological well-being. Chicago, IL (USA): Aldine
- Bregman P (2011). Choose the fantasy world you live in. In: Harvard Business Review. Management tips: from Harvard Business Review. Boston, MA (USA): Harvard Business School Press, p. 4
- Brown GR, Anderson B (1991). Psychiatric morbidity in adult inpatients with childhood histories of sexual and physical abuse. *Am J Psychiatry* 148: 55-61
- Bruehl S, Harden RN, Galer BS, et al. (2002). Complex regional pain syndrome: are there distinct subtypes and sequential stages of the syndrome? *Pain* 95: 119-24
- Buchanan TW, Preston SD (2014). Stress leads to prosocial action in immediate need situations. *Front Behav Neurosci* 8: 5

- Bullinger M, Anderson R, Cella D, et al. (1993). Developing and evaluating cross-cultural instruments from minimum requirements to optimal models. *Qual Life Res* 2: 451-9
- Burns DS (2001). The effect of the bonny method of guided imagery and music on the mood and life quality of cancer patients. *J Music Ther* 38: 51-65
- Burns DS, Perkins SM, Tong Y, et al. (2015). Music therapy is associated with family perception of more spiritual support and decreased breathing problems in cancer patients receiving hospice care. *J Pain Symptom Manage* 50: 225-31
- Campbell-Sills L, Cohan SL, Stein MB (2006). Relationship of resilience to personality, coping, and psychiatric symptoms in young adults. *Behav Res Ther* 44: 585-99
- Cannon WB (1926). Physiological regulation of normal states. Some tentative postulates concerning biological homeostasis. In: Pettit A (a cura di). À Charles Richet, ses amis, ses collègues, ses élèves. Paris: Éditions Médicales, p. 91
- Cannon WB (1932). The wisdom of the body. New York, NY (USA): W.W. Norton & Company, inc.
- Cannon WB (2014). Bodily changes in pain, hunger, fear and rage. Whitefish, MT (USA): Literary Licensing, LLC. Titolo originale: "Bodily changes in pain, hunger, fear and rage" 1920
- Carr AJ, Gibson B, Robinson PG (2001). Measuring quality of life: is quality of life determined by expectations or experience? *BMJ* 322: 1240-3
- Cartwright F, Stritzke WG, Durkin K, et al. (2007). Chocolate craving among children: implications for disordered eating patterns. *Appetite* 48: 87-95
- Cartwright RD, Wood E (1991). Adjustment disorders of sleep: the sleep effects of a major stressful event and its resolution. *Psychiatry Res* 39: 199-209
- Cavallo F, Lemma P, Dalmasso P, et al. (2016). 4° Rapporto sui dati HBSC Italia 2014. Torino: Dipartimento di Scienze della Sanità Pubblica e Pediatriche
- CES – sindacato Europeo, UNICE – "confindustria europea", UEAPME - associazione europea artigianato e PMI, et al. (2004). Accordo europeo sullo stress sul lavoro (8/10/2004). Bruxelles: 8 ottobre 2004. Disponibile all'indirizzo http://www.changesrl.it/files/lepore.pdf (ultimo accesso febbraio 2018)
- Champagne FA (2008). Epigenetic mechanisms and the transgenerational effects of maternal care. *Front Neuroendocrinol* 29: 386-97
- Champagne FA (2010). Epigenetic influence of social experiences across the lifespan. *Dev Psychobiol* 52: 299-311
- Charmandari E, Tsigos C, Chrousos G (2005). Endocrinology of the stress response. *Annu Rev Physiol* 67: 259-84
- Cherkas LF, Hunkin JL, Kato BS, et al. (2008). The association between physical activity in leisure time and leukocyte telomere length. *Arch Intern Med* 168: 154-8
- Chrousos GP (2009). Stress and disorders of the stress system. *Nat Rev Endocrinol* 5: 374-81

- Chrousos GP, Kino T (2005). Intracellular glucocorticoid signaling: a formerly simple system turns stochastic. *Sci STKE*; 2005(304): pe48
- Colloca L, Miller FG (2011). The nocebo effect and its relevance for clinical practice. *Psychosom Med* 73: 598-603
- Colloca L, Sigaudo M, Benedetti F (2008). The role of learning in nocebo and placebo effects. *Pain* 136: 211-8
- Connor KM, Davidson JR (2003). Development of a new resilience scale: the Connor-Davidson Resilience Scale (CD-RISC). *Depress Anxiety* 18: 76-82
- Csíkszentmihályi M (1975). Beyond boredom and anxiety. San Francisco, CA (USA): Jossey-Bass
- Csíkszentmihályi M (2007). Buon business. Successo economico e comportamento etico. Milano: Il Sole 24 ore
- Csíkszentmihályi M (2013). Creativity: flow and the psychology of discovery and invention. New York, NY (USA): Harper Perennial. Titolo originale: "Creativity: flow and the psychology of discovery and invention" 1996
- Csíkszentmihályi M, Csíkszentmihályi IS (a cura di) (2006). A life worth living: contributions to positive psychology (Series in positive psychology). New York, NY (USA): Oxford University Press
- Curley JP, Jensen CL, Mashoodh R, et al. (2011). Social influences on neurobiology and behavior: epigenetic effects during development. *Psychoneuroendocrinology* 36: 352-71
- D.Lgs. 9 aprile 2008, n. 81. Testo unico sulla salute e sicurezza sul lavoro. *Gazzetta Ufficiale* n. 101 del 30 aprile 2008 - Suppl. Ordinario n. 108
- Dallman MF, Pecoraro NC, la Fleur SE (2005). Chronic stress and comfort foods: self-medication and abdominal obesity. *Brain Behav Immun* 19: 275-80
- Davidson RJ, Kabat-Zinn J, Schumacher J, et al. (2003). Alterations in brain and immune function produced by mindfulness meditation. *Psychosomatic Med* 65: 564-70
- De Santi A, Pellai A (2008). Comportamenti in adolescenza. In: De Santi A, Guerra R, Morosini P (a cura di). La promozione della salute nelle scuole: obiettivi di insegnamento e competenze comuni. Roma: Superiore di Sanità; 2008. Rapporti ISTISAN 08/1. Disponibile all'indirizzo http://www.iss.it/binary/publ/cont/08-1_WEB.1204719565.pdf (ultimo accesso febbraio 2018)
- de Waal FB, Suchak M (2010). Prosocial primates: selfish and unselfish motivations. *Philos Trans R Soc Lond B Biol Sci* 365: 2711-22
- Deci EL (2017). Self-determination theory in work organizations: the state of a science. *Annu Rev Organ Psychol Organ Behav* 4: 19-43
- Dedovic K, Duchesne A, Andrews J, et al. (2009). The brain and the stress axis: the neural correlates of cortisol regulation in response to stress. *Neuroimage* 47: 864-71
- Deeg DJH, Van Zonneveld RJ (1989). Does happiness lengthen life? The prediction of longevity in the elderly. In: Veenhoven R (a cura di). How harmful is

happiness? Consequences of enjoying life or not. Rotterdam: University Press, pp. 29-34

- Diamond DM, Campbell AM, Park CR, et al. (2007). The temporal dynamics model of emotional memory processing: a synthesis on the neurobiological basis of stress-induced amnesia, flashbulb and traumatic memories, and the Yerkes-Dodson law. *Neural Plast* 2007: 60803
- Dupont C, Armant DR, Brenner CA (2009). Epigenetics: definition, mechanisms and clinical perspective. *Semin Reprod Med* 27: 351-7
- Egger G, Dixon J (2014). Beyond obesity and lifestyle: a review of 21st century chronic disease determinants. *Biomed Res Int* 2014: 731685
- Eisenberg N, Miller PA (1987). The relation of empathy to prosocial and related behaviors. *Psychol Bull* 101: 91-119
- Enck P, Benedetti F, Schedlowski M (2008). New insights into the placebo and nocebo responses. *Neuron* 59: 195-206
- Engberg H, Jeune B, Andersen-Ranberg K, et al. (2013). Optimism and survival: does an optimistic outlook predict better survival at advanced ages? A twelve-year follow-up of Danish nonagenarians. *Aging Clin Exp Res* 25: 517-25
- Epel E, Lapidus R, McEwen B, et al. (2001). Stress may add bite to appetite in women: a laboratory study of stress-induced cortisol and eating behavior. *Psychoneuroendocrinology* 26: 37-49
- Epel ES, Blackburn EH, Lin J, et al. (2004). Accelerated telomere shortening in response to life stress. *Proc Natl Acad Sci U S A* 101: 17312-5
- Esch T, Stefano GB (2010). Endogenous reward mechanisms and their importance in stress reduction, exercise and the brain. *Arch Med Sci* 6: 447-55
- Exercise is Medicine® (EIM) (2018). http://www.exerciseismedicine.org/ (ultimo accesso febbraio 2018)
- Feinberg I (1982). Schizophrenia: caused by a fault in programmed synaptic elimination during adolescence? *J Psychiatr Res* 17: 319-34
- Fields HL (2007). Understanding how opioids contribute to reward and analgesia. *Reg Anesth Pain Med* 32: 242-6
- Fischer S, Urs MN, Laferton JAC (2016). Negative stress beliefs predict somatic symptoms in students under academic stress. *Int J Behav Med* 23: 746-51
- Flegal KM, Graubard BI, Williamson DF, et al. (2005). Excess deaths associated with underweight, overweight, and obesity. *JAMA* 293: 1861-7
- Fordyce MW (1977). Development of a program to increase personal happiness. *J Couns Psychol* 24: 511-21
- Foster JA, Rinaman L, Cryanc JF (2017). Stress & the gut-brain axis: regulation by the microbiome. *Neurobiol Stress* 7: 124-36
- Franklin TB, Russig H, Weiss IC, et al. (2010). Epigenetic transmission of the impact of early stress across generations. *Biol Psychiatry* 68: 408-15

- Freud S (2002). Al di là del principio del piacere. Opere 1905-1921. Roma: Grandi Tascabili Economici Compton, 2002. Titolo originale: "Jenseits des Lustprinzips" 1920
- Freud S (2010). L'avvenire di un'illusione. Il disagio della civiltà. Roma: Newton Compton. Titoli originali: "Die Zukunft einer Illusion" 1927 e "Das Unbehagen in der Kultur" 1930
- Garg N, Wansink B, Inman JJ (2007). The influence of incidental affect on consumers' food intake. *Journal of Marketing* 71: 194+206
- Giacomini L, Aguzzoli C, Bertoli M, et al. (2014). Top down-bottom up strategy to promote resiliency in workplace: improvement plans in Health Services n°2 "Isontina". *Clinical Health Promotion* 4 (Suppl 1): 100
- Gibala MJ, Little JP, Macdonald MJ, et al. (2012). Physiological adaptations to low-volume, high intensity interval training in health and disease. *J Physiol* 590: 1077-84
- Gold SS (2013). How to be a better boss. *Scientific American Mind.* Disponibile all'indirizzo https://www.scientificamerican.com/article/how-to-be-a-better-boss/ (ultimo accesso febbraio 2018)
- Goldwurm GF, Baruffi M, Colombo F (2004). Qualità della vita e benessere psicologico. Aspetti comportamentali e cognitivi del vivere felice. Milano: McGraw-Hill Education, p. 338
- Goleman D (2011). Intelligenza emotiva. Che cos'è e perché può renderci felici. Milano: BUR
- Gosain A, Jones SB, Shankar R, et al. (2006). Norepinephrine modulates the inflammatory and proliferative phases of wound healing. *J Trauma* 60: 736-44
- Greer S (1984). The psychological dimension in cancer treatment. *Soc Sci Med* 18: 345-9
- Groddeck G (2005). Il linguaggio dell'ES. Milano: Adelphi
- Groene O (a cura di) (2006). Implementing health promotion in hospitals: Manual and self-assessment forms. Geneva: World Health Organization. Disponibile all'indirizzo http://www.euro.who.int/__data/assets/pdf_file/0009/99819/E88584.pdf (ultimo accesso febbraio 2018)
- Gudsnuk K, Champagne FA (2012). Epigenetic influence of stress and the social environment. *ILAR J* 53: 279-88
- Gutgsell KJ, Schluchter M, Margevicius S, et al. (2013). Music therapy reduces pain in palliative care patients: a randomized controlled trial. *J Pain Symptom Manage* 45: 822-31
- Guzmán YF, Tronson NC, Jovasevic V, et al. (2013). Fear-enhancing effects of septal oxytocin receptors. *Nat Neurosci* 16: 1185-7
- Guzzetta CE (1989). Effects of relaxation and music therapy on patients in a coronary care unit with presumptive acute myocardial infarction. *Heart Lung* 18: 609-16

- Hallowell EM (2005). Overloaded circuits. Why smart people underperform. *Harvard Business Review* January: 1-10. Disponibile all'indirizzo http://addmindfulness.com/wp-content/uploads/2013/08/Hallowell-HBR-Overloaded-Circuits.pdf (ultimo accesso febbraio 2018)
- Hannibal KE, Bishop ME (2014). Chronic stress, cortisol dysfunction, and pain: a psychoneuroendocrine rationale for stress management in pain rehabilitation. *Phys Ther* 94: 1816-25
- Hansen DL, Hansen EH, Holstein BE (2009). Young women's use of medicines: autonomy and positioning in relation to family and peer norms. *Health (London)* 13: 467-85
- Harvard Health Publishing (2008). Optimism and your health. *Harvard Men's Health Watch.* Disponibile all'indirizzo www.health.harvard.edu/heart-health/optimism-and-your-health (ultimo accesso febbraio 2018)
- Harvard Health Publishing (2012). Why stress causes people to overeat. *Harvard Mental Health Letter.* Disponibile all'indirizzo www.health.harvard.edu/newsletter_article/why-stress-causes-people-to-overeat (ultimo accesso febbraio 2018)
- Hatcher S, Arroll B (2008). Assessment and management of medically unexplained symptoms. *BMJ* 336: 1124-8
- Heim C, Ehlert U, Hellhammer DH (2000). The potential role of hypocortisolism in the pathophysiology of stress-related bodily disorders. *Psychoneuroendocrinology* 25: 1-35
- Holmes TH, Rahe RH (1967). The Social Readjustment Rating Scale. *J Psychosom Res* 11: 213-8
- Hood L, Auffray C (2013). Participatory medicine: a driving force for revolutionizing healthcare. *Genome Med* 5: 110
- Horne-Thompson A, Grocke D (2008). The effect of music therapy on anxiety in patients who are terminally ill. *J Palliat Med* 11: 582-90
- Horwitz RI, Viscoli CM, Donaldson RM, et al. (1990). Treatment adherence and risk of death after a myocardial infarction. *Lancet* 336: 542-5
- Huber D, Veinante P, Stoop R (2005). Vasopressin and oxytocin excite distinct neuronal populations in the central amygdala. *Science* 308: 245-8
- Hull C (1943). Principles of behavior. Englewood Cliffs, NJ (USA): Prentice Hall
- Huttenlocher PR (1979). Synaptic density in human frontal cortex - developmental changes and effects of aging. *Brain Res* 163: 195-205
- Institute of Lifestyle Medicine (2018). www.instituteoflifestylemedicine.org (ultimo accesso febbraio 2018)
- Italian Lifestyle Medicine (2018). www.italianlifestylemedicine.org (ultimo accesso febbraio 2018)
- Jankord R, Herman JP (2008). Limbic regulation of hypothalamo-pituitary-adrenocortical function during acute and chronic stress. *Ann N Y Acad Sci* 1148: 64-73

- Kabat-Zinn J (1994). Wherever you go, there you are: mindfulness meditation in everyday life. New York, NY (USA): Hyperion
- Kabat-Zinn J (2005). Bringing mindfulness to medicine: an interview with Jon Kabat-Zinn, PhD. Interview by Karolyn Gazella. *Altern Ther Health Med* 11: 56-64
- Kabat-Zinn J (2014). Mindfulness per principianti. Sesto San Giovanni (MI): Mimesis Edizioni
- Kageyama T, Nishikido N, Kobayashi T, et al. (1998). Self-reported sleep quality, job stress, and daytime autonomic activities assessed in terms of short-term heart rate variability among male white-collar workers. *Ind Health* 36: 263-72
- Kahneman D, Diener E, Schwartz N (a cura di) (1999). Well-being: the foundation of hedonic psychology. New York, NY (USA): Russell Sage Foundation, pp. 3-25
- Kao AC, Green DC, Zaslavsky AM, et al. (1998). The relationship between method of physician payment and patient trust. *JAMA* 280: 1708-14
- Keller A, Litzelman K, Wisk LE, et al. (2012). Does the perception that stress affects health matter? The association with health and mortality. *Health Psychol* 31: 677-84
- Killingsworth MA, Gilbert DT (2010). A wandering mind is an unhappy mind. *Science* 330: 932
- Kirmayer LJ, Groleau D, Looper KJ, et al. (2004). Explaining medically unexplained symptoms. *Can J Psychiatry* 49: 663-72
- Konturek PC, Brzozowski T, Konturek SJ (2011). Stress and the gut: pathophysiology, clinical consequences, diagnostic approach and treatment options. *J Physiol Pharmacol* 62: 591-9
- Lack LC, Wright HR (2007). Chronobiology of sleep in humans. *Cell Mol Life Sci* 64: 1205-15
- Lankelma JM, Nieuwdorp M, de Vos WM, et al. (2015). The gut microbiota in internal medicine: implications for health and disease. *Neth J Med* 73: 61-8
- Leknes S, Tracey I (2008). A common neurobiology for pain and pleasure. *Nat Rev Neurosci* 9: 314-20
- Loef M, Walach H (2012). The combined effects of healthy lifestyle behaviors on all cause mortality: a systematic review and meta-analysis. *Prev Med* 55: 163-70
- Lumley MA, Cohen JL, Borszcz GS, et al. (2011). Pain and emotion: a biopsychosocial review of recent research. *J Clin Psychol* 67: 942-68
- Maniam J, Morris MJ (2010). Palatable cafeteria diet ameliorates anxiety and depression-like symptoms following an adverse early environment. *Psychoneuroendocrinology* 35: 717-28
- Maselli L (2015). Lifestyle medicine: la scienza del cambiamento efficace. Borgofranco d'Ivrea (TO): BIS Edizioni
- Matthews SG, Phillips DI (2010). Minireview: transgenerational inheritance of the stress response: a new frontier in stress research. *Endocrinology* 151: 7-13

- McClure SM, York MK, Montague PR (2004). The neural substrates of reward processing in humans: The modern role of fMRI. *Neuroscientist* 10: 260-8
- McEwen BS (2005). Stressed or stressed out: what is the difference? *J Psychiatry Neurosci* 30: 315-8
- McEwen BS (2006). Sleep deprivation as a neurobiologic and physiologic stressor: allostasis and allostatic load. *Metabolism* 55 (10 Suppl 2): S20-S23
- McEwen BS, Gianaros PJ (2010). Central role of the brain in stress and adaptation: links to socioeconomic status, health, and disease. *Ann N Y Acad Sci* 1186: 190-222
- Merskey H, Bogduk N (1994). Classification of chronic pain. 2nd ed. Seattle: IASP Press
- Meslin EM (2010). The value of using top-down and bottom-up approaches for building trust and transparency in Biobanking. *Public Health Genomics* 13: 207-14
- Michl LC, McLaughlin KA, Shepherd K, et al. (2013). Rumination as a mechanism linking stressful life events to symptoms of depression and anxiety: longitudinal evidence in early adolescents and adults. *J Abnorm Psychol* 122: 339-52
- Miller FG, Colloca L (2011). The placebo phenomenon and medical ethics: rethinking the relationship between informed consent and risk-benefit assessment. *Theor Med Bioeth* 32: 229-43
- Miller G (2013). Neuroscience. The promise and perils of oxytocin. *Science* 339: 267-9
- Miller JJ, Fletcher K, Kabat-Zinn J (1995). Three-year follow-up and clinical implications of a mindfulness meditation-based stress reduction intervention in the treatment of anxiety disorders. *Gen Hosp Psychiatry* 17: 192-200
- Mills H, Reiss N, Dombeck M (2008). Self-efficacy and the perception of control in stress reduction. *MentalHelp.net.* Disponibile all'indirizzo https://www.mentalhelp.net/articles/self-efficacy-and-the-perception-of-control-in-stress-reduction/ (ultimo accesso febbraio 2018)
- Mora F, Segovia G, Del Arco A, et al. (2012). Stress, neurotransmitters, corticosterone and body-brain integration. *Brain Res* 1476: 71-85
- Muscatell KA, Eisenberger NI (2012). A social neuroscience perspective on stress and health. *Soc Personal Psychol Compass* 6: 890-904
- Myers MG, Cairns JA, Singer J (1987). The consent form as a possible cause of side effects. *Clin Pharmacol Ther* 42: 250-3
- Nakayama H, Kikuta F, Takeda H (2009). A pilot study on effectiveness of music therapy in hospice in Japan. *J Music Ther* 46: 160-72
- Norman M, Hearing SD (2002). Glucocorticoid resistance: what is known? *Curr Opin Pharmacol* 2: 723-9
- O'Callaghan C, Magill L (2009). Effect of music therapy on oncologic staff bystanders: a substantive grounded theory. *Palliat Support Care* 7: 219-28
- OECD (2018). Better life index. http://www.oecdbetterlifeindex.org/it/about/better-life-initiative/ (ultimo accesso febbraio 2018)

- Okifuji A, Turk DC, Curran SL (1999). Anger in chronic pain: investigations of anger targets and intensity. *J Psychosom Res* 47: 1-12
- Open Academy of Medicine (2018). www.openacademyofmedicine.org (ultimo accesso aprile 2018)
- Ott MA, Rosenberger JG, McBride KR, et al. (2011). How do adolescents view health? Implications for state health policy. *J Adolesc Health* 48: 398-403
- Park Y, Fritz C, Jex SM (2011). Relationships between work-home segmentation and psychological detachment from work: the role of communication technology use at home. *J Occup Health Psychol* 16: 457-67
- Pervanidou P, Chrousos GP (2011). Stress and obesity/metabolic syndrome in childhood and adolescence. *Int J Pediatr Obes* 6 (Suppl 1): 21-8
- Pervanidou P, Chrousos GP (2012). Metabolic consequences of stress during childhood and adolescence. *Metabolism* 61: 611-9
- Petterson M (2001). Music for healing: the creative arts program at the Ireland Cancer Center. *Altern Ther Health Med* 7: 88-9
- Platone (1869). Fedro. Roma: Tip. italiana. Titolo originale: "Φαῖδρος" 370 a.C. circa
- Polak R, Pojednic RM, Phillips EM (2015). Lifestyle medicine education. *Am J Lifestyle Med* 9: 361-7
- Portela A, Esteller M (2010). Epigenetic modifications and human disease. *Nat Biotechnol* 28: 1057-68
- Preston SD (2013). The origins of altruism in offspring care. *Psychol Bull* 2013; 139: 1305-41
- Ramachandran VS (2006). Che cosa sappiamo della mente? Milano: Oscar Saggi Mondadori, p. 158
- Ramel W, Goldin PR, Carmona PE (2004). The effects of mindfulness meditation on cognitive processes and affect in patients with past depression. *Cognitive Therapy and Research* 28: 433-55
- Rogers PJ, Lloyd HM (1994). Nutrition and mental performance. *Proc Nutr Soc* 53: 443-56
- Rohleder N (2014). Stimulation of systemic low-grade inflammation by psychosocial stress. *Psychosom Med* 76: 181-9
- Rohleder N, Schommer NC, Hellhammer DH, et al. (2001). Sex differences in glucocorticoid sensitivity of proinflammatory cytokine production after psychosocial stress. *Psychosom Med* 63: 966-72
- Rosendal M, Fink P, Falkoe E, et al. (2007). Improving the classification of Medically Unexplained Symptoms in Primary Care. *Eur J Psychiat* 21: 25-36
- Rosenkranz MA, Davidson RJ, Maccoon DG, et al. (2013). A comparison of mindfulness-based stress reduction and an active control in modulation of neurogenic inflammation. *Brain Behav Immun* 27: 174-84
- Rotter JB (1990). Internal versus external control of reinforcement: a case history of a variable. *Am Psychol* 45: 489-93

- Russo SJ, Murrough JW, Han MH, et al. (2012). Neurobiology of resilience. *Nat Neurosci* 15: 1475-84
- Rutter M (2012). Resilience as a dynamic concept. *Dev Psychopathol* 24: 335-44
- Rutters F, Nieuwenhuizen AG, Lemmens SG, et al. (2009). Acute stress-related changes in eating in the absence of hunger. *Obesity* 17: 72-7
- Ryff CD (1989). Happiness is everything, or is it? Explorations on the meaning of psychological well-being. *J Pers Soc Psychol* 57: 1069-81
- Safran DG, Kosinski M, Tarlov AR, et al. (1998). The Primary Care Assessment Survey: tests of data quality and measurement performance. *Med Care* 36: 728-39
- Salovey P, Mayer JD (1990). Emotional intelligence. *Imagination, Cognition, and Personality* 9: 185-211
- Sanford LD, Suchecki D, Meerlo P (2015). Stress, arousal, and sleep. *Curr Top Behav Neurosci* 25: 379-410
- Sapolsky R (2014). Perché alle zebre non viene l'ulcera? Roma: Castelvecchi
- Sayar K, Barsky AJ, Gulec H (2005). Does somatosensory amplification decrease with antidepressant treatment? *Psychosomatics* 46: 340-4
- Scarpellini E, Ianiro G, Attili F, et al. (2015). The human gut microbiota and virome: potential therapeutic implications. *Dig Liver Dis* 47: 1007-12
- Schultz W (2015). Neuronal reward and decision signals: from theories to data. *Physiol Rev* 95: 853-951
- Segerstrom SC, Miller GE (2004). Psychological stress and the human immune system: a meta-analytic study of 30 years of inquiry. *Psychol Bull* 130: 601-30
- Sekar A, Bialas AR, de Rivera H, et al. (2016). Schizophrenia Working Group of the Psychiatric Genomics Consortium. Schizophrenia risk from complex variation of complement component 4. *Nature* 530: 177-83
- Seligman MEP, Steen TA, Park N, et al. (2005). Positive psychology progress: Empirical, validation of interventions. *American Psychologist* 60: 410-21
- Selye H (1956). The stress of life. New York, NY (USA): McGraw-Hill Book Company, Inc.
- Selye H (1974). Stress without distress. Philadelphia: Lippincott Williams & Wilkins
- Sharot T, Korn CW, Dolan RJ (2011). How unrealistic optimism is maintained in the face of reality. *Nat Neurosci* 14: 1475-9
- Shewhart WA (1931). Economic control of quality of manufactured product. New York, NY (USA): D. Van Nostrand Company, Inc.
- Sibaldi I (2009a). Il libro della personalità. Milano: Frassinelli
- Sibaldi I (2009b). Vocabolario. Le parole dei mondi più grandi. Milano: Anima Edizioni, p. 333
- Silverman SB, Johnson RE, McConnell N, et al. (2012). Arrogance: A formula for leadership failure. *The Industrial-Organizational Psychologist*. Disponibile

all'indirizzo http://www.siop.org/tip/july12/04silverman.aspx (ultimo accesso febbraio 2018)

- Singh M (2014). Mood, food, and obesity. *Front Psychol* 5: 925
- Skinner EA, Zimmer-Gembeck M (2007). The development of coping. *Annu Rev Psychol* 58: 119-44
- Sleiman SF, Henry J, Al-Haddad R, et al. (2016). Exercise promotes the expression of brain derived neurotrophic factor (BDNF) through the action of the ketone body β-hydroxybutyrate. *Elife* 5: e15092
- Sorrells SF, Caso JR, Munhoz CD, et al. (2009). The stressed CNS: when glucocorticoids aggravate inflammation. *Neuron* 64: 33-9
- Southwick SM, Charney DS (2012). The science of resilience: implications for the prevention and treatment of depression. *Science* 338: 79-82
- Sprouse-Blum AS, Smith G, Sugai D, et al. (2010). Understanding endorphins and their importance in pain management. *Hawaii Med J* 69: 70-1
- Srikala B, Kishore KKV (2010). Empowering adolescents with life skills education in schools - School mental health program: Does it work? *Indian J Psychiatry* 52: 344-9
- Stahl LA, Begg DP, Weisinger RS, et al. (2008). The role of omega-3 fatty acids in mood disorders. *Curr Opin Investig Drugs* 9, 57-64
- Stephen R, Hongisto K, Solomon A, et al. (2017). Physical activity and Alzheimer's Disease: a systematic review. *J Gerontol A Biol Sci Med Sci* 72: 733-9
- Sternberg EM (2001). The balance within: the science connecting health and emotions. New York, NY (USA): WH Freeman
- Stevenson-Hinde J (2007). Attachment theory and John Bowlby: some reflections. *Attach Hum Dev* 9: 337-42
- Straub R (2015). The origin of chronic inflammatory systemic diseases and their sequelae. Cambridge, MA (USA): Academic Press
- Straub RH, Kalden JR (2009). Stress of different types increases the proinflammatory load in rheumatoid arthritis. *Arthritis Res Ther* 11: 114
- Stuckey HL, Nobel J (2010). The connection between art, healing, and public health: a review of current literature. *Am J Public Health* 100: 254-63
- Takeda E, Terao J, Nakaya Y, et al. (2004). Stress control and human nutrition. *J Med Invest*; 51: 139-45
- Tamam S, Ahmad AH. (2017). Love as a modulator of pain. *Malays J Med Sci* 24: 5-14
- Taylor SE, Klein LC, Lewis BP, et al. (2000). Biobehavioral responses to stress in females: tend-and-befriend, not fight-or-flight. *Psychol Rev* 107: 411-29
- Thayer JF, Ahs F, Fredrikson M, et al. (2012). A meta-analysis of heart rate variability and neuroimaging studies: implications for heart rate variability as a marker of stress and health. *Neurosci Biobehav Rev* 36: 747-56
- The International Network of Health Promoting Hospitals and Health Services (2018). www.hphnet.org (ultimo accesso aprile 2018)

- Thoma MV, La Marca R, Brönnimann R, et al. (2013). The effect of music on the human stress response. *PLoS One* 8: e70156
- Tolstoj L (2008). Perché la gente si droga? E altri saggi su società, politica, religione. Milano: Oscar Mondadori. Titolo originale tradotto: "Perché la gente si droga?" 1890
- True Health Initiative (2018). http://www.truehealthinitiative.org/ (ultimo accesso febbraio 2018)
- Tsigos C, Chrousos GP (2002). Hypothalamic-pituitary-adrenal axis, neuroendocrine factors and stress. *J Psychosom Res* 53: 865-71
- Tsigos C, Stefanaki C, Lambrou GI, et al. (2015). Stress and inflammatory biomarkers and symptoms are associated with bioimpedance measures. *Eur J Clin Invest* 45: 126-34
- Veenhoven R (2001). Qualità della vita e felicità. Non proprio la stessa cosa. In: de Girolamo G, Becchi A, Coppa FS, et al. (a cura di). Salute e qualità della vita. Torino: Centro Scientifico Editore, pp. 67-95
- Verma R, Balhara YPS, Gupta CS (2011). Gender differences in stress response: Role of developmental and biological determinants. *Industrial Psychiatry Journal* 20: 4-10
- Vinik AI, Maser RE, Ziegler D (2011). Autonomic imbalance: prophet of doom or scope for hope? *Diabet Med* 28: 643-51
- Waddington CH (1940). Organisers and Genes. Cambridge, UK: The Cambridge University Press
- Wagnild G (2009). A review of the resilience scale. *J Nurs Meas* 17: 105-13
- Wang J, Obici S, Morgan K, et al. (2001). Overfeeding rapidly induces leptin and insulin resistance. *Diabetes Dec* 50: 2786-91
- Wang J, Rao H, Wetmore GS, et al. (2005). Perfusion functional MRI reveals cerebral blood flow pattern under psychological stress. *Proc Natl Acad Sci U S A* 102: 17804-9
- Warne JP (2009). Shaping the stress response: interplay of palatable food choices, glucocorticoids, insulin and abdominal obesity. *Mol Cell Endocrinol* 2009; 300: 137-46
- Watson D, Clark LA, Tellegan A (1988). Development and validation of brief measures of positive and negative affect: The PANAS scales. *J Pers Soc Psychol* 54: 1063-70
- Weibel L, Follenius M, Spiegel K, et al. (1995). Comparative effect of night and daytime sleep on the 24-hour cortisol secretory profile. *Sleep* 18: 549-56
- White JM (1999). Effects of relaxing music on cardiac autonomic balance and anxiety after acute myocardial infarction. *Am J Crit Care* 8: 220-30
- World Health Organization (1986). The Ottawa Charter for health promotion. First International Conference on Health Promotion, Ottawa, 21 November 1986. Disponibile all'indirizzo http://www.who.int/healthpromotion/conferences/previous/ottawa/en/ (ultimo accesso febbraio 2018)

- World Health Organization (1994). Division of Mental Health. Life skills education for children and adolescents in schools. Geneva: World Health Organization
- World Health Organization (1997). Programme on mental health: life skills in schools. WHO/MNH/PSF/93.7A Rev. 2. Geneva: WHO, 1997. Disponibile all'indirizzo http://apps.who.int/iris/bitstream/10665/63552/1/WHO_MNH_PSF_93.7A_Rev.2.pdf (ultimo accesso febbraio 2018)
- World Health Organization (1999). Programme on mental health: partners in life skills education. Conclusions from a United Nations Inter-Agency Meeting. Geneva: 1999. Disponibile all'indirizzo http://www.who.int/mental_health/media/en/30.pdf (ultimo accesso febbraio 2018)
- World Health Organization (2004). Promoting mental health. Concepts, emerging evidence, practice. Geneva: WHO. Disponibile all'indirizzo http://www.who.int/mental_health/evidence/en/promoting_mhh.pdf (ultimo accesso febbraio 2018)
- World Health Organization (2016). Health Behaviour in School-aged Children (HBSC) study: international report from the 2013/2014 survey. Growing up unequal: gender and socioeconomic differences in young people's health and well-being. Regional Office for Europe, 2016. Disponibile all'indirizzo http://www.euro.who.int (ultimo accesso febbraio 2018)
- Yerkes RM, Dodson JD (1908). The relation of strength of stimulus to rapidity of habit-formation. *Journal of Comparative Neurology and Psychology* 18: 459-82
- Yorks L, Kasl E (2006). I know more than I can say: a taxonomy for using expressive ways of knowing to foster transformative learning. *J Transform Educ* 4: 43-64
- Yovetich NA, Dale JA, Hudak MA (1990). Benefits of humor in reduction of threat-induced anxiety. *Psychol Rep* 66: 51-8
- Zeidan F, Martucci KT, Kraft RA, et al. (2011). Brain mechanisms supporting modulation of pain by mindfulness meditation. *J Neurosc* 31: 5540-8

Autori

Cristina Aguzzoli

Medico presso la Direzione Sanitaria dell'Azienda per l'Assistenza Sanitaria n° 2 del Friuli Venezia Giulia, si occupa di coordinamento di programmi e progetti riguardanti la promozione della salute, le *life skills*, la gestione dello stress e degli stili di vita. Dal 2003 coordina la rete dell'Organizzazione Mondiale della Sanità degli Ospedali e Servizi Sanitari del Friuli Venezia Giulia (HPH) e i programmi sul benessere dei giovani in età scolare. È membro dell'International Team Advisors dell'Italian Lifestyle Medicine Association.

Specialista in Igiene e Medicina Preventiva, con Master di II livello in Psiconeuroimmunologia, promuove percorsi di formazione dedicati alla gestione dello stress e degli stili di vita, al benessere sul posto di lavoro, al benessere di bambini, giovani e adolescenti, alla promozione di sani stili di vita per il contrasto della patologia cronica.

Da anni è relatrice internazionale sui temi della gestione dello stress, dell'*empowerment* individuale e del benessere organizzativo.

Anna Maria De Santi

Primo Ricercatore presso il Dipartimento di Neuroscienze dell'Istituto Superiore di Sanità, si occupa di ricerca, formazione e coordinamento di progetti riguardanti il benessere, le *life skills* e la promozione della salute in tutte le fasi della vita.

Nell'ambito della comunicazione sanitaria realizza, con la collaborazione di operatori del Servizio Sanitario Nazionale, di società scientifiche e di categoria, la messa a punto di strumenti per la valutazione dell'impatto sulla qualità di vita dei pazienti e dei loro familiari.

Promuove percorsi di formazione, analisi, valutazione e implementazione di linee guida per la realizzazione di documenti di indirizzo sul benessere, sulla promozione della salute e sulla gestione dello stress lavoro-correlato.